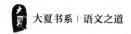大夏书系 | 语文之道

优秀语文教师的成长特质

吴小霞 赵杰志 著

华东师范大学出版社
·上海·

图书在版编目（CIP）数据

优秀语文教师的成长特质 / 吴小霞，赵杰志著．
— 上海：华东师范大学出版社，2023
ISBN 978-7-5760-4291-7

Ⅰ.①优… Ⅱ.①吴… ②赵… Ⅲ.①语文课—师资培养—研究—中小学 Ⅳ.① G633.302

中国国家版本馆 CIP 数据核字（2023）第 210627 号

大夏书系 | 语文之道

优秀语文教师的成长特质

著　　者　　吴小霞　赵杰志
策划编辑　　卢风保
责任编辑　　薛菲菲
责任校对　　杨　坤
封面设计　　淡晓库

出版发行　　华东师范大学出版社
社　　址　　上海市中山北路 3663 号　邮编 200062
网　　址　　www.ecnupress.com.cn
电　　话　　021-60821666　行政传真 021-62572105
客服电话　　021-62865537
邮购电话　　021-62869887
地　　址　　上海市中山北路 3663 号华东师范大学校内先锋路口
网　　店　　http://hdsdcbs.tmall.com/

印 刷 者　　北京密兴印刷有限公司
开　　本　　700×1000　16 开
印　　张　　17
字　　数　　244 千字
版　　次　　2023 年 12 月第一版
印　　次　　2023 年 12 月第一次
印　　数　　5 100
书　　号　　ISBN 978-7-5760-4291-7
定　　价　　62.00 元

出 版 人　　王　焰

（如发现本版图书有印订质量问题，请寄回本社市场部调换或电话 021-62865537 联系）

目 录

1　序　特质可延续　成长无极限

第一辑　修炼文本解读基本功

3　散文文本解读：望闻问切，切中散文脉搏
　　——以《济南的冬天》为例

9　小说文本解读：立足三要素，注重文本独特体验
　　——以《社戏》为例

17　古文文本解读：文言、文章、文学、文化的统一
　　——以《桃花源记》为例

24　诗词解读：进阶思维在解读中形成
　　——以《虞美人》为例

第二辑　在解决问题中快速成长

35　学情诊断："双减"时代，如何根据学情调整教学

47　整本书阅读：七步攻略强化阅读价值
　　——以《傅雷家书》为例

54　作文指导：作文评改教学新模式探索

61　语文活动：用活动突破薄弱学生学困点

68　资源整合：利用旁批进行自读课文教学

76　深度学习：系统设计下的朗读教学
　　——以《岳阳楼记》为例

83　教材开发：利用教材资源，学习写作技巧

90　试卷讲评：用试卷讲评体系构建深度学习

100　思辨养成：进阶提问提升学生学习品质

第三辑　立足课堂　潜心修炼

107　课堂改革：以学生为主体的课堂方略
　　——以《范进中举》为例

113　课堂效果：让趣味性与实效性并存

120　课堂改进：给学生自主探究的舞台

127　课堂创意：让你的比喻会跳舞

131　课堂生成：我课我秀，秀出风采

135　课堂深度：在语言品读中走进深度学习

140　课堂技巧：用多轮次体验法提升课堂高度

145　课堂气氛：活泼有趣上好科普说明文

第四辑　在共同体中深度学习

153　备课：基于核心素养的朗读教学
　　——以《春》为例

166　说课：基于核心素养下的说课实践
　　——以《昆明的雨》为例

176　评课：品课就是品人生
　　——以席小霞老师的《短歌行》为例

179　议课：文言文教学如何突围
　　——《于家训中见家风》听课有感

183　磨课：课堂的重心是突破难点之实
　　——记"用比喻描写外貌"磨课

193　反思：请让我带着缺点前行
　　——《叶的随想》课例反思

196　用体验型教研激活教研组内动力
　　——记一次语文教研活动

第五辑 从教为中心走向学为中心

203 翻转式课堂：让学生自己掌控学习
——《太空一日》三段式设计

210 项目式学习：走进小说，感悟人生
——"走进小说天地"项目化学习

223 口语交际课：讨论互动，有效得体
——"讨论"公开课设计

第六辑 打造属于自己的教学作品

233 复习教学：理解句子的深刻含义

244 群文阅读：可怜！可恨！可悲！
——群文阅读《孔乙己》《变色龙》

253 逆向教学：用标准唱响演讲开头戏

序 特质可延续 成长无极限

我是一名语文教师,一直躬耕在语文教学的田垄。在这里,我如痴如醉,乐此不疲地成长。我一直觉得,其他学科教师也好,语文老师也罢,我相信,成长路径都是相通的,成长特质都是相似的。所谓"特质",在《现代汉语词典》(第7版)中言"特有的性质或品质",而"成长特质"是成长过程中特有的性质或品质。那么,一名语文教师的成长特质需要什么呢?

一、系统的结构思维

语文教师,先需要有结构化思维。因为结构化思维是语文系统建构思维,是培养学生高阶思维的关键。新课程理念强调知识结构化和整体化。所以教师先要建立自己的语文学科知识图谱,才可能建构学生的结构思维,才可能培养学生的核心素养。

比如,语文教师首先要建立自己的知识图谱,并把知识图谱与自己的学科教学知识结合起来,整个教学才会走向整体建构和系统建构。同时,语文教学设计也需要结构思维:顶层逻辑、中层逻辑、底层逻辑。顶层逻辑是方向,中层逻辑是任务环节设置,底层逻辑是解决问题的方法。没有顶层逻辑,教学就会缺少目的性;没有中层逻辑,教学就会缺少关联性;没有底层逻辑,教学就会缺少实效性。所以,三者统一,才能形成结构化教学。本书从开篇到结束,都遵循建构系统结构思维的原则,不断探索有效达成的路径。

二、专业的学科素养

《义务教育语文课程标准（2022年版）》[以下简称《课标（2022）》]中说："语文教师要养成良好的读书习惯，不断丰富语言学、文学、教育学、心理学等方面的知识，注重中华优秀传统文化积累，提升自身文化修养。要积极参加培训和研修活动，深入理解语文课程改革的理念和内容，准确把握语文教学规律，提高课程实施能力。要注意语文学科与其他学科的关联，提高跨学科整合课程资源的意识和能力。要主动将新理念、新方法、新技术应用到语文教学中，通过个人反思、同伴互助、专家引领等多种途径提高自己的专业水平。"

实施新课标，对语文教师的专业素养提出了更高的要求，不仅需要语文教师具有良好的阅读习惯，更要具备文本解读能力、捕捉信息能力、资源整合能力、课堂调控能力、综合评价能力、课程实施能力等，这些，在本书中都能找到案例进行验证。

三、精进的研究精神

学科教师的成长特质，需要有不断精进的研究精神。当今教育，拼的是研究能力。随着新课标的颁布和实施，教师的教和学生的学，都面临着深刻的历史性变革。教师需要由教知识转化为教素养，由以前的教"专家结论"转变为培养"专家思维"。这就需要语文教师必须成为具有研究力的人。

"研究"，其实并不神秘。问题是研究，学习是研究，运用是研究，反思是研究，总结是研究。什么是研究？就是带着专业科学的心态，不断地研究自己耕耘的每一寸语文教学的土地。比如，我们带着科学的态度，把新课程理念、新教学主张理解透彻，在充分调研的基础上把握学情，发现学生的障碍点，精心准备好每一个教学任务，借助多元评价提升课堂效能，带领学生进行深度化、持续性学习，将培养学生核心素养的目标真正实现。教师钻得深入，研得透彻，才可能融会贯通、深入浅出。在学生进阶学习中，不断提升他们的学科素养，才可能培养具有"思维实力"的学生，才可能引导学生过一种有品质的、幸福的语文生活！

四、灵动的教学理念

学科教师还需要形成自己灵动的教学理念。一个有教学理念的教师，才能形成独特的教学风格和教学思想，才能真正地从平凡走向优秀，从优秀走向卓越。

我心中好的语文课，是课前有期待、课堂多创造、课后重延展的课堂。培养创新思维，建设创意语文，在创意中体验，在体验中感悟，在感悟中生成，在生成中再造，在再造中浸润，让师生都能享受有品质、有趣味、有活力的语文生活！所以我提炼的教学理念是"微创意教学"，也就是教师要有创新能力，要有意识地把具有新颖性、独特性的想法转化成多元、生动的活动方式，再聚焦微小、创新、实用的活动内容，通过体验的方式，激发学生内在动力，从而培养学生的创新思维和创新能力，最后赋能，创造师生新生命。这些教学理念在本书中都有显性或隐性的体现。

语文教师要发展，要提高教学能力，需要修炼文本解读能力、教学设计能力、教学实施能力、评价反思能力、课例分析能力、教研科研能力……本书以语文教师的日常工作为线索，涉及多种题材的教学课例，分为"修炼文本解读基本功""在解决问题中快速成长""立足课堂潜心修炼""在共同体中深度学习""从教为中心走向学为中心""打造属于自己的教学作品"六个部分。书中既有案例呈现，也有技巧提炼；既有研究性，也有实用性。

成长特质不仅仅是对语文教师，对每个学科的教师都适用，期待这本书能为教师们提供成长的路径和可复制的方法。

同时，感谢编辑卢风保老师一路的指导和陪伴，才有了这本书从雏形最终形成作品；感谢赵杰志老师站在教研员的角度加深了我对语文教学的理解，提升了我的专业素养和专业能力；感谢恩师李永红老师给予我的帮助和支持，感谢李永红名师领航工作室伙伴们对我的关心和陪伴；我还要感谢学校领导的鼓励，感谢我的家人给予我的温暖和慰藉！

最后，谢谢亲爱的读者们，请您相信，特质可延续，成长无极限！

吴小霞

第一辑

修炼文本解读基本功

散文文本解读：
望闻问切，切中散文脉搏
——以《济南的冬天》为例

散文一直是语文教材中的重点内容，也是中高考阅读题的重要选材。所以，老师的散文解读能力，决定着学科的教学质量，也影响着学生语文素养的养成。那么，散文解读应该注意哪些方面呢？

一 立足依据，把握散文教学目标

散文的解读，需要注意解读的依据，这样才能有效地把握散文的教学目标，从而让解读不会走错方向。

那么，解读依据包括哪些呢？

第一，把握课标的要求。《课标（2022）》明确提出："语文课程是一门学习国家通用语言文字运用的综合性、实践性课程。"那么，文本解读最后的目标实现应该指向学生学习语言文字的运用。同时，应该把文本解读变成教学解读。

第二，把握单元提示。《济南的冬天》所在单元的单元提示是这样的：

> 日月经天，江河行地，春风夏雨，秋霜冬雪，大自然生生不息，四时景物美不胜收。本单元课文用优美的语言，描绘了多姿多彩的四季美景，抒发了亲近自然、热爱生活的情怀。

学习本单元，要重视朗读课文，想象文中描绘的情景，领略景物之美；把握好重音和停连，感受汉语声韵之美。还要注意揣摩和品味语言，体会比喻和拟人等修辞手法的表达效果。

通过单元提示，我们明白了文本解读的重心：感受文中亲近自然、热爱生活的情怀，品味语言，体会修辞的表达效果。

第三，抓住课文提示。本文的课文提示包括"预习""思考探究""积累拓展""读读写写"等，通过对这些方面的研究，我们可以准确把握文本解读的方向和重点。其中"预习"中有言："课文中的许多景物描写细腻、生动，能唤起你对事物的细微感觉。阅读的时候，注意体会。"还有"积累拓展"中的第三题说，要求"品味下列语句，体会句中拟人手法的表达效果"。因此，我们可以更加清晰地明白：本篇文章的解读重点是细腻的语言和修辞。

二 │ 立足语文，把握散文文体特点

语文课就要上得像语文课。故文本解读时应按照语文的方式来解读，而不是采用社会化、伦理化、历史化的解读方式。所以，散文的解读要立足"语言"的解读，关注语言文字，从而去挖掘文本深处的情和理。

散文的文本解读要立足语文这个根本，解读时需要把握散文"形散而神不散"的文体特点。

1. 阅读标题，初步感知

看到标题时，笔者开始思考：为什么是"济南的冬天"，而不是"冬天的济南"？作者表达的重心是"冬天"还是"济南"？如果是"冬天的济南"，那么重心就是这个地方的景象，而写"济南的冬天"，重心是自己的感受。同时，从标题解读中我们可以得出：本文借济南的冬天的景色，表达一种情感，并且这种情感是和济南密切相关的。

2. 勾画关键，把握主旨

笔者把文章读了好几遍，边读边思考。为了把握散文的中心，笔者用红色笔勾画出了表达作者情感的抒情议论的句子。

第1段中说"济南的冬天是响晴的""可是，在北中国的冬天，而能有温晴的天气，济南真得算个宝地"。从"响晴""温晴""宝地"这些词语中我们可以看出，济南天气温和、舒适，作者心中是喜爱的。第2段中说"一个老城，有山有水……这是不是个理想的境界？"我们可以得到：有山有水的济南让作者非常满意，所以是个"理想的境界"。第3段中说"这一圈小山在冬天特别可爱……因为有这样慈善的冬天，干啥还希望别的呢！"作者情不自禁地流露出对济南冬天的喜爱。第4段中说"最妙的是下点儿小雪呀""那些小山太秀气"。从中可以看出作者对于下了小雪的济南洋溢出了惊喜、疼爱之情。第5段中说"对，这是张小水墨画"。可以看出作者对济南是不由自主地赞叹。第6段中说"水藻真绿""那么清亮""那么蓝汪汪的"，流露的是赞叹。最后，从"这就是冬天的济南"可以感受到，作者激情澎湃地赞叹济南冬天的山水的情感喷涌而出，洋溢着喜爱、自豪、自得，仿佛在说：这，就是我的家乡！

从关键句子我们可以看出，作者对济南的冬天的一往情深，那真是如涓涓细流，汩汩流淌！

3. 理清思路，明晰结构

文章第1段写济南冬天的天气，"温晴"是全文的关键词，也是全文主线。第2段告诉读者：这种天气形成是有原因的——有山有水，由天气转入山水，并且在分写山水前，给人的总体观感是暖和、舒适的理想境界。第3—5段是并列的，写了冬天的山景。第6段写的是冬天的水。最后一段，用一句简洁的语言结束。

整篇文章表达了作者对济南的冬天的热爱、喜爱之情，结构是总分总，段与段之间脉络相当清晰，衔接很是紧密。

由此得出，散文文本的解读，不管内容多么广泛，形式多么自由，只要把握了作者的思想和情感，把握了文章的主旨和结构，就把握了统领全篇的"神"，就没有偏离主题进行解读。这样，才可以有后面的个性化解读。

三 ｜ 立足文本细读，把握散文解读落点

对于散文的解读，关注了文章的整体，还要从文本的细节处入手，深入分析课文中的重要用词，认真品味文中的重要语句，仔细体味作者精准的语言表达，细腻感受作者独特的情感认知。

当然，每一篇散文都有自己的特质，我们不能以千篇一律的模式去解读，而是找到每一篇散文独特的语言表达，找准文章的落点，着眼于这一篇散文的"独特个性"，从而体味作者隐含在字里行间的情感认知。

1. 从文章独特之处去推进

在阅读《济南的冬天》这篇文章的时候，笔者更多读到的是老舍对济南的独特温晴的情感。上一篇课文《春》重点学习的是修辞比喻，而《济南的冬天》的课后题是有关比拟的解说。故笔者便以"比拟"为抓手，把落点放在：从比拟看济南在老舍心中的地位。

为何如此设计呢？我们一起看看文中的几处"比拟"：

"小山整把济南围了个圈儿，只有北边缺着点口儿。这一圈小山在冬天特别可爱，好像是把济南放在一个小摇篮里，他们全安静不动地低声地说：'你们放心吧，这儿准保暖和。'真的，济南的人们在冬天是面上含笑的。他们一看那些小山，心中便觉得有了着落，有了依靠。"这段文字里，作者把冬天的小山比作一位母亲，而济南就是安适地睡在小摇篮里的婴儿，并且冬天的小山"安静不动地低声地说：'你们放心吧，这儿准保暖和'"。"准保"是"一定，没有特殊和意外"的意思，面对着冬天的小山，人人都是"含笑"的，"有着落"，这是一种怎样的安全感和信任感！在冬天，人们感受到的是春天般的温暖。在作者的眼里，冬天的小山就是一位慈善的

母亲,一位能给人温暖、舒适、安宁的母亲。

"树尖上顶着一髻儿白花,好像日本看护妇。山尖全白了,给蓝天镶上一道银边。山坡上有的地方雪厚点儿,有的地方草色还露着;这样,一道儿白,一道儿暗黄,给山们穿上一件带水纹的花衣;看着看着,这件花衣好像被风儿吹动,叫你希望看见一点儿更美的山的肌肤。等到快日落的时候,微黄的阳光斜射在山腰上,那点儿薄雪好像忽然害了羞,微微露出点儿粉色。"这里,把顶着雪的小山比作了一位女子,文中处处透露出对这位女子的疼爱、怜惜之情。在作者笔下,这是一位怎样的女子?一位美丽、让人遐想、娇羞的女子啊!笔者读到的是作者就像面对一位爱慕的恋人,处处透露着对济南冬天的小山的疼爱。"小山""小摇篮""小雪""小水墨画""小灰色树影",在作者的眼里,这些都是"小小的","济南是受不住大雪的"。一个如此大的济南怎么会受不住大雪?唯一的解释是,作者心中对济南是怜惜的、疼爱的。

"真得算个宝地""真的,济南的人们在冬天是面上含笑的"。一个"真"字,体现的是情不自禁的感情流露——对济南真真切切的喜爱之情。全文处处都是作者的情感表达,特别是最后由衷地说"这就是冬天的济南。"这是对济南怎样的一往情深啊!

2. 从文章时代背景处深入

文章有一个地方引起了笔者的疑惑:老舍是地道的北京人,他为什么不写《北京的冬天》?再从气候来看,济南的冬天气温是比较低的,气候并不温晴,甚至有些寒冷,可是为什么在老舍的眼中,就是温晴的?由此看出,济南是老舍心中的家,是一座理想的城市,是老舍口中的温晴家园。为什么会这样?这就需要联系时代背景来解读了。

老舍于1924年赴英国,任伦敦大学东方学院中文讲师。1930—1937年,先后在山东济南齐鲁大学和青岛山东大学任教,对山东产生了深厚的感情。老舍曾在《吊济南》中写道:"时短情长,济南就成了我的第二故乡。"济南被他称为"第二故乡",足见济南在他心中的位置。

这七年，老舍主要生活在济南和青岛两地。家庭生活与工作的舒适，社会环境的安定，为老舍进入小说创作的"黄金时代"提供了可能。组建和谐家庭，进入高校工作，编辑报纸刊物，交游日渐广泛，以及有了相对自由发表的平台，给予了老舍一个较为舒适的创作环境。加之老舍有着独到的北京市民文化、旗人民俗生活的积累与省思，使其小说中显现出艺术和思想的成熟。

《济南的冬天》是老舍1931年春天在济南齐鲁大学任教时写成的。据老舍夫人回忆，老舍"常常怀念的是从婚后到抗战爆发，在山东度过的那几年"。济南的品性和老舍的性格很相似，济南唤起了他内心最温情、最温暖的情感。

再追溯老舍的出生。老舍生于一个破落的满族家庭，两岁时父亲就去世了，母亲靠给别人缝补和做保姆把几个孩子抚养成人。因此，老舍从小就懂得世事的艰辛，他说自己的性格深受母亲的影响。他在母亲的影响下养成了善良、义气、朴实而又倔强的性格，以及对人生的温情态度，这些方面都融合在了他的大多数作品中。

每个人的作品和他的生活经历有关，老舍眼中的济南是情到深处也温暖！我在景中，景在心中，景随时迁，心动景移！这也许就是王国维先生说的"有我之境"与"无我之境"之所在吧！

散文文本的解读，需要教师把握好解读的方向。如此，才能在解读中实现自我成长，才能在散文教学中实现学生的进阶提升！

小说文本解读：
立足三要素，注重文本独特体验
——以《社戏》为例

对于小说文本的解读，我们要关注小说文本的共性问题：文本的三要素——人物、情节、环境。在关注共性的同时，我们还需要关注每一篇小说的个性，这才是小说生命力的所在。那么，如何通过解读小说三要素触摸到文本的深处呢？

一 | 故事情节——从"一波三折"中解内容

小说的故事情节是小说塑造人物、表达主旨的依托，同时也是我们从整体上把握小说匠心独运的关键之一。所以，理清小说的故事情节，就显得尤为重要。其中，弄懂故事情节就成了准确把握文章主题的方式之一。

在《社戏》这篇文章中，我们可以看到处处是波澜。

比如，从介绍平桥村外祖母家的情况来看：论起行辈，有几个还是太公，但又都是朋友，不会想出"犯上"这两个字来。"我"受到优待，掘蚯蚓钓虾，这虾照例是归"我"吃，可是，黄牛水牛都欺生，他们也会嘲笑"我"。虽然平桥村有那么多"乐事"，可是"我"最盼望的却是去赵庄看戏。

又如到赵庄看戏前，也经历了波折：日期看看等到了→找不到船，四处问→外祖母生气，母亲安慰，今年算了→"我"急得要哭→母亲不准"我"装模作样→有船了→外祖母不准去→双喜打包票→同意了。这些波折,都极力在渲染"我"盼望看戏的迫切心情。

那么,文章又是怎么描写"我"心情的跌宕起伏的呢?

从文章故事可以看出"我"心情的起伏:日期看看等到了(盼望)→急得哭(焦急)→总之,是完了(失望)→似乎听到锣鼓声(猜测)→东西少吃(伤心,难受)→"我"不开口(失落)→"我"高兴了(转忧为喜)→"我"的心忽而轻松了(兴高采烈,高兴,喜悦)。

所以"文似看山不喜平",整篇文章就是用这样的波折,来衬托社戏对儿童充满了强大的、不可遏制的吸引力。

同样,在看戏的路上也是波折不断:依稀看到赵庄→却不是,"也许是渔火"→"火接近了,果然是渔火"。这些波折,以儿童的视角在极力渲染看戏前的心情是极其渴望的、焦急万分的。

同样,看戏过程中也是波折不断。去看戏,"近台没有什么空了""远远的看罢"——没有位置;铁头老生不翻跟头,"我"的态度却是不在乎;"我最愿意看的是一个人蒙了白布……其次是套了黄布衣跳老虎。但是等了许多时都不见""我有些疲倦了";同时,想买豆浆喝却没有,只能喝水,而"我不喝水,支撑着仍然看",虽然困倦,但却不甘心回去;故事终于出现转机——忽而"花白胡子的用马鞭打起来了,大家才又振作精神";可是老旦出场,"坐下了",唱个不停,"我们"不是吁气就是打哈欠。不得不佩服,鲁迅的笔法,波折中还有小波折。最后,双喜提议走,大家赞同,可是"我"却不好意思说再回去看,一直对社戏是心心念念。

文中有一处细节也是非常值得玩味的:虽然情节处处波折,看戏处处有波澜,但是,"我"的情绪却没有受到一点影响,顶多就是忍耐、支撑。为什么呢?这足以说明,"我"看戏的心情一直都是愉悦的、开心的。

最后的"偷豆"环节,同样有波折:因为摇船很疲乏,许久没有东西吃,于是桂生提议偷豆,双喜问偷谁家的,阿发积极响应,觉悟更是高,一口应允偷自家的。后来,又担心被大人发现,多偷了六一公公家一点。他们还用了六一公公船上的油盐。小伙伴们以为六一公公会追责,可是,最后六一公公不但没有追责,还夸赞"我",更送豆。这些波折安排,真可谓是饶有趣味。可是，故事又出现波折，真正吃六一公公送来的豆，却又觉得"并没有昨夜的豆那么好"，这吃的哪里是豆啊，纯粹吃的是童年的情趣。

整个故事情节都是围绕"社戏"展开的，但文章真正写"社戏"的笔墨只有第14—21段。但是，正因为这些波折才有了"不再看到那夜似的好戏"，正因为有波澜起伏的情节，才让我们感受到了"我"的主观心理和情绪变化，从而明白了文章在描写社戏的背后，表现了劳动人民的淳朴、善良、友爱、无私的美好品质，以及对故乡的热爱和留恋，还有对童年的向往。

二 | 人物形象——从"细节生发"中看性格

分析人物性格，着眼于细节，并且用体验的方式，来体会人物的性格。

分析人物，需要关注三个细节：一是动作，二是叹词，三是标点。

文中写双喜的细节："双喜终于熬不住了，说道，怕他会唱到天明还不完，还是我们走的好罢。"每一个地方，双喜都显示出领导力，表现出观察力，可是这儿为什么是转述？也许这话"我"没有亲自听到，也许是"我"不想走，也许是觉得没有考虑到他的想法而心生不悦。从这里可以读出，双喜确实没有考虑到"我"的想法。他再聪明，毕竟还是个小孩子，这才是真实的塑造，还原真实的小孩的样子。

再看偷豆环节中双喜的表现："'阿阿，阿发，这边是你家的，这边是老六一家的，我们偷那一边的呢？'双喜先跳下去了，在岸上说。"

注意细节："阿阿，阿发……"这儿怎么口吃了，吞吞吐吐了？文中其他地方双喜语言都很流利，都显得干脆利落，可是这儿怎么就结巴了呢？因为要在阿发和老六一家的罗汉豆中选一家来偷。他完全可以决定偷哪一家的，可是他却把选择权交给了阿发本人。双喜连大人的心思都能揣摩，他揣摩不了一个阿发的想法吗？可是，他却偏偏把选择权给了阿发，为什么呢？他怕大人怪罪下来，要是这件事被发现了，他可以推卸责任，要是没有被发现，他做了顺水人情。可是小孩子毕竟是小孩子，这么一点小心思，还是"心虚"的。所以，此时他结巴了。

还有一处细节："双喜先跳下去了，在岸上说。"这里的动作是先后关系，是经过思考后发生的。这与后面的阿发"一面跳，一面说"形成了反差。因为双喜考虑问题心思更细腻，而阿发性格率真，说话快于大脑。所以这两个人有着不同的动作反应。

那么，作者对双喜的态度是贬吗？再来看文中的细节："双喜拔前篙"，双喜是一个非常勤快的孩子。并且，在关键时候，他总是冲锋在前："大船？八叔的航船不是回来了么？"文中用"大悟"来形容双喜，接着十几个少年也"大悟"，双喜的"大悟"总是走在大家的前面。所以他总是充当领导角色，而且说话总是能善解人意，说得周到体贴。比如："我写包票！船又大；迅哥儿向来不乱跑；我们又都是识水性的！"文中每一句话都能站在外祖母和母亲的角度说。一个能站在别人角度思考问题的人定是一个情商高、懂共情、周到体贴的人。所以作者对双喜的态度还是赞扬的。

我们再来看标点符号："我写包票！""我们又都是识水性的！"这儿用了两个"！"，语言干脆，情感强烈。我们再看后面："是的。我们请客。我们当初还不要你的呢。你看，你把我的虾吓跑了！"别人询问他是不是偷了豆，他承认了——"是的"，说明人品不差，做了就承认，敢作敢当。"我们请客。"言外之意是："我们"不是为了自己，是为了请客，堵住六一公公的嘴巴。但是这毕竟是个借口，所以并没有义正辞严的语气，因此用句号。"我们当初还不要你的呢。"按理说，这儿应该是感叹号，却偏偏是个句号。言外之意是：你的豆小，用你们家的请客，是看得起你。但是，又心虚，语气不能太强烈，所以用句号。"你看，你把我的虾吓跑了！"开始故意转移六一公公的注意力，这个时候，声音要大，语气要强烈，才能让六一公公将注意力转移到虾上面，所以用感叹号。我们不得不佩服鲁迅笔下就连一个标点都有着深刻的蕴意。

而阿发性格与双喜不同，阿发性格显得憨厚耿直。"往来的摸了一回，直起身来说道，'偷我们的罢，我们的大得多呢。'"注意，这儿的动作是摸了"一回",不是"两回",也就是说,阿发本就是打算偷自己家的,所以,他那种无私、憨厚、朴实的性格在一个动作、一句话中就显现了出来。注意,这里是句号,晚上偷豆,不敢大声喧哗,并且阿发是厚道之人,偷自己家的豆不是为了炫耀,而是真心诚意地让大家偷他家的,这份厚道用一个标点就表现了出来。

再看六一公公。"双喜,你们这班小鬼,昨天偷了我的豆了罢?又不肯好好的摘,踏坏了不少。""偷了我的豆了罢?"为什么是问号?六一公公难道不确定?既然来问,便是确定了,但是却用问号,这是给这帮小鬼留面子,如果他们承认,那么皆大欢喜,如果不承认,自己也有台阶下。"又不肯好好的摘",用的词是"摘",说明作为庄稼人,他心疼的不是豆被偷,而是庄稼被踏坏。

特别是"请客?——这是应该的",这里为什么是"?",还要加一个"——"?说明他对双喜说的话有一些疑问,用"——"表示思考后,最后回答"这是应该的"。特别是后面:"昨天的戏可好么?""好。""豆可中吃呢?""很好。""么"表示真心在问,"呢"表示期待"我"说好吃。注意这里,"我"对于看戏回答的是"好",而对于吃豆回答的是"很好"。人最希望的是被人肯定,当六一公公从"我"的回答中感受到了对他的豆的肯定时,就"感激"起来。给他一点肯定就感激别人的六一公公,热情淳朴的形象瞬间勾勒出来。并且,在送豆的时候,还夸奖"我""小小年纪便有见识,将来一定要中状元"。这就是淳朴的乡村人,你给他一点好,他以十倍回报。

分析人物性格的时候,多留意文章的细节处,细看标点,细节对比,细节想象,人物形象解读自然就丰满起来了。

三 │ 环境描写——从"角度独特"中挖意蕴

环境描写在小说中的作用可谓举足轻重。它可以交代事情发生的背景,也可以推动故事情节,或渲染气氛,或烘托人物心情。在小说的创作中,环境描写是凝聚作者心血的地方。所以，我们要着重挖掘环境描写中"角度独特"的地方进行解读。

文中在看戏前、看戏后都进行了环境描写，这些环境描写有着相似的地方，也有着不同的地方。

首先，对看戏前和看戏后的景物描写进行比较。

前后都写了"月亮"。看戏前，"月色便朦胧在这水气里"；看戏后，"月光又显得格外的皎洁"。去的时候，月色朦胧，心情愉悦。回来的时候，随着时间推移，月光已经越来越亮，同时，这个时候内心是"不舍"的。所以，同一种景物可以表现出不同的时间。

前后都写了"松柏林"。看戏前，"那是正对船头的一丛松柏林"；看戏后，"松柏林早在船后"。两处都写松柏林，标志性的景物分别表达了来与去。所以，同一种景物可以表现地点的转移。

前后都写了"横笛"。去的时候，"大概是横笛，宛转，悠扬"，回来的时候，"横笛，很悠扬"。一个表达了深深地沉醉，一个表达了舍不得走。所以，同样的景物，表达了不同的心情。

前后都写了"戏台"。一个是"见过的仙境"，一个是"仙山楼阁"，都是描写戏台的神圣迷人，如仙境一般，但是却用了不同的词语表达。所以对同一种景物、同样的心情，可以用不同的词语表达。

前后都写了"行船之快"。一个是"踊跃的铁的兽脊似的"，一个是"像一条大白鱼背着一群孩子在浪花里蹿"，都写出了驾船之快，但是一处把"山"比作"兽脊"，一处把船比作"大白鱼"。同样写"行船之快"，可以用不同的比喻来表达。

其次，分开看：看戏前，运用多种感官，闻到水草的清香，听到船头水声、前方隐隐约约的笛声，看到起伏的连山。这种恍惚缥缈的感觉，作者已经完全沉醉其中。而后面是皎洁的月光，依旧朦胧的戏台，宛转的笛声。可是，这儿有一处细节，并没有写"豆麦"的清香，而是直接写乌油油的罗汉豆，暗示了后面偷豆情节的发展。

周国平曾说："一切有效的阅读不只是接受，更是自我发现，是阅读者既有的内在经历的被唤醒和继续生长。"本文的整个环境，人与山、与船、与月、与水、与横笛，都营造了江南水乡独特的景物美，也表现了他们心情的无比愉悦。环境的描写就是为情节和人物服务的，而且都是真实地就地取材。真实的地域特色景物不仅推动了故事情节的发展，也烘托了人物的心境。

四 ｜ 链接材料——从"还原背景"中解主旨

  文本的深度解读，需要对文章进行还原，对文章写作背景进行还原，才能真正地去理解文本背后表达的意思。

  《社戏》的结尾说："一直到现在，我实在再没有吃到那夜似的好豆，——也不再看到那夜似的好戏了。"为什么那部戏就是人生最好的戏了呢？

  第一，关注课文原文。我们关注了《社戏》选文中被删除的内容，其中谈到两次看戏：一次是在北京，对看戏本无兴趣，同时看戏人多，无合适的位置，便"不由的毛骨悚然的走出了"。第二次看戏，是因为募捐，可是到了很晚，谭叫天还不出场，只好失望离开。

  为什么写两次看戏？也许正是两次看戏的挫败经历，使"我"尤其怀念在外祖母家所看的"社戏"，虽然过去几十年了，但是对比之下，早年的社戏更好看。将童年的美好回忆与成年后的淡漠人情、压抑环境对比之后，作者呐喊出了自己的不满、自己的厌烦、自己的倦怠。正因为后面两次戏的变味，童年看戏的美好回忆才成为鲁迅的精神寄托之所。这份民风民俗让"我"怀念，让"我"心驰神往，"我"心灵最柔弱的角落，永远留着那份对家乡的爱，对乡民的爱，对乡村文化的爱。

  第二，关注本文选著。本文选自《呐喊》。《呐喊》中以《狂人日记》"救救孩子"的呼喊开头，《社戏》作为短篇小说，是《呐喊》中的最后一篇，以欢乐幸福结尾。这里面应该是表达不同的意蕴吧！鲁迅有句话很有名："自己背着因袭的重担，肩住了黑暗的闸门，放他们到宽阔光的地方去；此后幸福的度日，合理的做人。"也许，这就是《社戏》要表达的思想吧，也是对"救救孩子"这呼声、呐喊的回应吧!

第三,关注写作背景。本文写于1922年,当时,中国不仅承受着西方列强的外部压力,而且还面临着国内日益尖锐的阶级矛盾。社会变革无法进行,民众陷入水深火热。而怀有救国思想的鲁迅受到十月革命的震动以及五四爱国运动的激励,于是,他用笔无情地揭露了封建制度的"吃人"本质。他面对社会现实,发出了"救救孩子"和推翻封建"铁屋子"的号召,小说《社戏》便是在这样的情况下发表的。《社戏》除了对旧制度无情地揭露和批判,也充满了对故乡温暖细腻的情感描写,刻画了一群淳朴、善良、友爱、无私的乡村劳动人民形象和淳朴的家乡民俗风情,这正是作者勾勒的心中理想社会的轮廓。

解读小说,透过情节看内容,透过描写读性格,透过环境理深蕴,透过背景解主题,这一切都需要抓好文本特质,抓住小说中独特的价值点,从而探索出文本内在的解读密码。

古文文本解读：
文言、文章、文学、文化的统一
——以《桃花源记》为例

文言文文本的解读，需要注意文字、文章、文学、文化的统一。在解读的过程中，我们如何实现文言文的深度解读，如何建立文言文与生活的联系？

一 | 文言——这篇文章积累哪些字词

《课标（2022）》对文言文的教学要求是："阅读浅易文言文，能借助注释和工具书理解基本内容。注重积累，感悟和运用……"

所以，注重积累，首先需要解决字词积累的问题。老师的解读，也要从文章字词开始，看看哪些字词是需要学生重点掌握的。

《桃花源记》课后题第四题要求解释加点的词（一词多义），包括"为""舍""乃""寻"；第五题要求区分古今义，涉及"鲜美""交通""妻子""绝境""无论"。我们还可以补充几个词区分古今义："仿佛""开朗""扶""志""延""悉""咸""向"。通过课后题和我们钻研后的总结，我们便可把握《桃花源记》中需要重点积累的古文字词。

其次，需要站在学生的角度把握重难点。通读课文，根据学生的学情，思量学生积累哪些词句有难度。通过平日对学生的了解，笔者确定了以下字词为重难点：缘、落英、异、仿佛、才、豁然开朗、俨然、属、不足、扶、向、志、诣、规、未果、问津，以及通假字"要"。句式积累最需关注的是省略句，比如："见渔人，乃大惊，问所从来""便舍船，从口入""林尽水源""此中人语云"。我们通过确定文言重难点和句式翻译重难点，为培养学生阅读浅易文言文的能力做好了铺垫。

二 | 文章——这篇文章写了什么

首先，梳理问题。根据文章题目，我们抓住了核心词"桃花源"，并围绕"桃花源"进行思考，可以不断地提问。提的问题，有的指向基础信息，有的指向梳理文章思路，有的指向捕捉关键信息。比如：指向基本信息的问题——和桃花源有关的人和事有哪些？什么时间？什么地点？发生了什么事？

然后，通读课文。通过阅读课文，我们可以把握和桃花源有关的人：渔人、桃花源里的人、太守、南阳刘子骥。此故事发生的时间：东晋太元年间。

接着，梳理思路。梳理文章思路是文言文解读的关键步骤。本文以桃花源为核心，文章描绘了哪几幅图？第1段：桃林美景图。第2段：怡然自乐图。第3段：热情好客图。第4段：再寻桃源图。第5段：无人问津图。

梳理完文章段落，还可以看和桃花源有关的事情有哪些。根据文章分析得出，本文以"渔人"为线索，以"桃花源"为中心，经历了发现桃花源—走进桃花源—做客桃花源—离开桃花源—再寻桃花源的过程。同时，从地点转移来看：从"溪"到"林"，由"林"到"山"，由"山"到"洞"，从"洞"到"桃花源"，从"要还家"到"各复延至其家"，从"扶向路""及郡下"到"遂迷，不复得路"。由此可以看出：整个情节主要是围绕渔人的行踪展开的。

接下来，指向关键。我们聚焦关键信息，并进行自我提问：这到底是什么样的桃花源？从哪儿可以看出？

这是一个神秘的桃花源。第1段中的"缘溪行，忘路之远近。忽逢桃花林"中的"忽"说明是突然遇到，出乎意料，与后面"甚异"照应。一个"忽"字，瞬间为桃林渲染了神秘的色彩。第2段言"林尽水源，便得一山，山有小口，仿佛若有光。……初极狭，才通人。"仿佛是在探险，仙界奇遇，突然出现了一个洞天福地般美丽的地方。结尾部分，"处处志之"，却"遂迷，不复得路"，"南阳刘子骥""欣然规往"，却"寻病终"，处处有着扑朔迷离的色彩，让人有强烈的神奇莫测的感觉。

这是一个美丽的桃花源。"中无杂树，芳草鲜美，落英缤纷。"这里桃林遍野，小溪潺潺，花草芳香，落花缤纷，完全是洞天福地，恍如仙境。"鲜"写出了草色之青，一片蓬勃生机。整个桃林清幽、清新、美丽。第2段言"土地平旷，屋舍俨然，有良田、美池、桑竹之属。阡陌交通，鸡犬相闻。"这里土地平坦开阔，房屋排列井然有序，有肥沃的土地、清澈的池塘、碧绿的菜园、翠绿的竹林之类。田间小路交错相通，环境安静得鸡和狗的叫声都能听到。"俨然"说明房子没有间左间右之分，而是上下一片和谐，"鸡犬相闻"中的"相"以动衬静，更能突出环境的清幽安静。

这是一个民风淳朴的桃花源。"其中往来种作，男女衣着，悉如外人。黄发垂髫，并怡然自乐。"这里男耕女织，丰衣足食，日出而作，日落而息，自给自足；这里老有所养，幼有所长，长幼无忧，自得其乐。由此可见，这里生活富足，秩序井然，人心安定。"见渔人，乃大惊……便要还家，设酒杀鸡作食。"来者都是客，村人见到渔人，没有丝毫的排斥、戒备、畏惧，这种友好善良已成一种天性，没有犹豫，没有隔阂，热情而真诚。"村中闻有此人，咸来问讯""余人各复延至其家，皆出酒食"，一家宴请完，另一家又请，人人都是古道热心肠，家家都要去尝遍，待客之道的舒适惬意，怎不让人迷醉？"皆叹惋"，他们关心渔人的生活，懂渔人所受的外面战乱之苦，这种朴素而真挚的人情之美跃然纸上。文中"悉""并""便""咸""皆"等词让我们看到了：这里的人充满着热情，充满着爱，真诚、纯净、淳朴，并且不是一个人这样，而是整个村落的人都这样！我们不难想象，有这样的民风，亲人之间会有多么美好的天伦之乐，邻里之间会有多么温暖的和谐融洽，人与人之间会结下多么美好的真挚情谊，这样的民风怎不叫人心驰神往！

三 | 文学——作者为什么写这篇文章

我们读懂一篇文章，就需要读懂作者这个人；读懂一个人，就需要读懂他的时代、他的经历，还有写这篇文章的背景。那么"陶渊明心中的桃花源"是怎样的呢？

1. 桃花源是虚构的

为什么"处处志之"最后仍然找不到？为什么刘子骥"欣然规往"，却"寻病终"？以上矛盾该如何解读？这里，渔人、太守、刘子骥分别代表三个阶层：渔人误打误撞进入了桃花源，最后却背信弃义，"不足为外人道"，他却"处处志之""诣太守，说如此"。他不信守承诺，与桃花源人的真诚不相融合，这和外面世风有关系。太守则无法做到远离功名利禄、远离一切尘世喧嚣。而士人被拒绝，是因为丢不下名望之心，有太多的执念。这些都说明了社会上的人都期待过一种更好的生活，一种像桃花源一样的生活。可是，美好的生活和现实总是不相融合的。不管你是哪个阶层，处于什么地位，这就是现实，暗示了桃花源就是虚构的。正如弗洛伊德说的："幸福的人绝不会幻想，只有那些得不到满足的人才会幻想，得不到满足的愿望是幻想的驱动力，每一个幻想都是一个愿望的满足，一个对不予人满足的现实的矫正。"人，越是无法实现，越在心里制造一个通过幻想来实现的"桃花源。"

2. 当时的社会现状什么样子

本文写于南朝宋武帝永初二年，正是晋宋易代之际。东晋王朝极端腐败：对外，一味投降；对内，互相倾轧，生活荒淫。那时，战争频发，赋税徭役繁重，仅使用晋太元年号的短短21年间，就爆发了大小战争60场。陶渊明年轻时本有"大济苍生"之志，但是，当时东晋王朝承袭旧制，实行门阀制度,保护高门贵族官僚特权,使中小地主出身的知识分子没有施展才华的机会。陶渊明自然壮志难酬,加上性格耿直,清正廉洁,不攀附权贵,在官场格格不入。于是,义熙元年(405年),陶渊明辞去了仅仅81天的彭泽县令,长期归隐。但是,他虽远在江湖,仍然关心国家政事。元熙二年(420年),刘裕废晋恭帝为零陵王,次年,用阴谋手段,杀死了晋恭帝。这激起了陶渊明内心的波澜,却又无力改变,所以,只能借创作抒发、寄托自己的内心。

作者的人生经历怎样?陶渊明是晋宋时期的诗人,他出生于没落的仕宦家庭,曾祖陶侃是东晋开国元勋,祖父做过太守,父亲早逝。他的经历可以分为三个主要的阶段:第一个阶段,29岁以前,主要是耕读生活。这个阶段以陶渊明父亲去世为转折点,家道开始衰落。在这期间,家庭的生活水平急剧下降,但他仍能保持对自己祖先的自豪。第二阶段,29—41岁。这个阶段陶渊明多次出仕又辞官,理想与现实矛盾重复。第三阶段,42—63岁,下决心归隐,直至终老。写这篇文章时,陶渊明已经归隐16年。经历了少年时家道衰落,中年时理想与现实之间的矛盾,再到年老时的通达通透,此时的陶渊明,已经认清现实,在乐天知命中架构了自己想象中的理想世界。

3. 陶渊明心中的桃花源到底是什么

"土地平旷,屋舍俨然,有良田、美池、桑竹之属""男女衣着,悉如外人",说明桃花源里的吃、穿、生活工作方式都和外界相同。可是,不同却是"黄发垂髫,并怡然自乐",这里只有安宁,而外界是战乱的;"皆叹惋""不足为外人道也",这里只有真情,没有欺骗,而外面尔虞我诈;"乃不知有汉,无论魏晋",这里只有平等,外面则为权利争斗。所以,理想源于现实,因为现实的波澜动乱,陶渊明多么渴望没有动乱的生活。可惜,这,仅仅是个梦罢了。

"缘溪行""山有小口,仿佛若有光",这个美好的梦似有似无。"仿佛若有光"表明,哪怕再遥远,作者仍然渴望有这样的光明。可这样的光明最后还是虚幻的。哪怕虚幻，他仍然觉得"不足为外人道也"。由此可见，他的内心是缺乏安全感的，是不希望被人打扰的。作者的姓"陶"谐音是"桃""逃"。"桃"在中国象征美好，而"逃"却是逃避，归隐成了陶渊明最后的归宿，他虚构了一个美丽的世外桃源，与真正的、现实的污浊形成鲜明的对比。或许，越是绝望，越是仰望。他以此来表达自己对美好境界的向往，寄托自己渴望的政治理想和愿望。

四 | 文化——这篇文章有什么作用

文言文，还肩负着文化传承的作用。所以，这篇文言文到底起到了什么作用？对现实有什么作用？

梁衡说："陶渊明不是政治家，却勾勒出一个理想社会，让人们不断地去追求；他不是专门的游记作家，却描绘了一幅最美的山水图，让人们不断地去寻找；他不是专门的哲学家，却给出了人生智慧，设计了一种最好的心态，让人们去解脱。"

《桃花源记》的桃花源文化给我们创造了一个自由栖居的精神家园，很多文人志士都有属于自己的静谧的桃花源，开辟了属于自己的一方净土。诸葛亮以"非淡泊无以明志，非宁静无以致远"为人生信条，范仲淹的心理支柱是"不以物喜，不以己悲"，柳宗元借"孤舟蓑笠翁，独钓寒江雪"表达遭受打击之后的不屈与孤独……这些都是文人自己开辟的桃花源。

其实，桃花源也是属于民族的、世界的。如果民族之间能和谐相处，国家之间能安定和平，人们对桃花源的美好希冀将不再是个梦！

五 | 运用——这篇文章如何指导生活

文言文重在学以致用。学生用文言文的精髓来指导生活，建立与文本、与作者、与自己的联系，在文学鉴赏的过程中，理解文本的价值，最后对未来的人生方向起到指引的作用。

所以，创造属于我们自己的桃花源，就成为我们教学的最后目标。

如果把做学问比作桃花源，那么，我们初涉的时候，也许无意之中找到"芳草鲜美"般的乐趣，勾起了我们的好奇心。可是，真正要进入其中的境地时，前面的亮光仿佛在隐隐约约闪烁，给了你希望，于是你"便舍船"，此时更需要舍得放下重要的身外之物。刚开始奋斗，要走过一段狭窄的孤独之旅，当冲出狭窄的路后，更需要"复行数十步"——需要坚持熬过一段时光，才能迎来"豁然开朗"，到达理想圆满的境界。

心理学倡导"自我关爱"和"自我赋能"。当我们无法改变外界的时候，我们就需要改变自己。所以，要善于处理好自己与自己的关系，接纳自我，满足自己对爱、接纳、安全、自由的渴望，创造属于自己的宁静与圆满。这就创造了我们自己的心灵桃花源！

人生，心中若有桃花源，何处不是水云间！

诗词解读：
进阶思维在解读中形成
——以《虞美人》为例

古典诗词是语文教学的重要组成部分，文本解读是一个语文老师的基本功底，我们应该如何解读古诗词呢？首先是读懂字、词、句、篇；其次要了解文化背景，知人论世；最后要审美鉴赏，了解文章背后的意蕴。下面以李煜的《虞美人》为例进行说明。

一 | 先素读，重体验——诗歌解读的前提

拿到文本的第一步，不是借助任何教材以外的资料书，而是以一个纯粹的读者身份，与文本展开对话，并借助自己的专业积淀对文本做出一定的思考，从而获得对文本真实的初步阅读体验。

文本解读需要一种代入感，也需要同理心，只有设身处地地感同身受，才能真正切实地把自己的经历、体验、情感与作者同频共振。笔者通过不断地诵读《虞美人》这首词，不停地哼唱《几多愁》这首歌，在凄婉的曲调中，将自己代入李煜的角色。在诵读、哼唱中，笔者联想到了自己那段远离亲人、背井离乡、举目无亲、归家无期、孤苦伶仃的荒凉岁月。当年的李煜在亡国之后，是不是也是这样的感觉？

这首词的整体基调是悲伤哀婉的。"问君能有几多愁，恰似一江春水向东流"——这样的惆怅，这样的李煜，情如流水，水无情，一腔愁绪向东

流，这份愁绪承载了多少沉重的往事之叹、离家之苦、亡国之恨、思乡之苦啊！这就是个悲剧，而悲剧的背后到底是什么？笔者不禁有了进一步探究的欲望。

二 | 看注释，析意象——解读诗歌的关键

克罗齐曾说："艺术把一种情趣寄托在一个意象里，情趣离意象，或是意象离情趣，都不能独立。"所谓"意象"，就是融入作者思想感情的物象，也就是赋予特殊含义和文学意味的形象。意象是作者情感的凝聚，是古诗词的灵魂。所以，解读诗词，可以解读意象为突破口。在解读意象时，笔者采取了以下步骤。

1. 查看书中注释，理解内容

笔者翻看了课本，里面是这样介绍这首词的：

李煜的这首词，将俘囚生活的幽怨、月夜听风的无眠、物是人非的无奈、愁怀难解的悲凉，以及对往日帝王生活的怀想，编织在一起，将亡国之痛、故国之思寄寓其中。词人通过具体的物象，把抽象的愁绪具象化，如"问君能有几多愁，恰似一江春水向东流"，千古流传，引发了不同时代人们的感叹，诵读时要细加品味。

基于此，笔者基本了解了词所表达的内容，然后通过看书中的注释，基本了解了词的大体意思，明白了这首词内容的关键词——囚徒生活、月夜无眠、愁绪难解、帝王生活，也明白了这首词的诗眼就一个字——愁。但这些"愁"是如何表现的呢？

2. 悟意象，把握主旨

"春花秋月"，书中注释为"季节的更替"。从中国传统意义上来看，"春花秋月"本是一年中最美好的景色，可是词中却说"何时了"，为什么？面对这样美好的景色，如此美好的事物，他却希望停止，怎么回事？因为

一国之君的往日快乐、美好已经不复存在，他已无心赏美景。

"往事"指什么？指物质上的"锦衣玉食，后宫佳丽，富贵奢靡的生活"，精神上的"自由、快乐、至高无上的尊严感"。这些是作为往日国君都应该有的，如今呢？

"小楼"中的"楼"，古时指富贵人家住处，这里是思念的象征。在李煜的诗词里有"子规啼月小楼西"，在宋词中还有"朱楼""红楼""高楼""西楼""层楼""楼台""歌楼"，比如晏殊的"独上高楼"、李清照的"月满西楼"、辛弃疾的"爱上层楼，为赋新词强说愁"。一旦有楼，就"别是一般滋味在心头"。

"东风"多指"春风"，是春天的象征。这里的东风也是从故国方向吹来的。

"月"是思念的象征。故国不堪回首，如今是月明之下，想念自己的故国，不堪回首过去。

"雕栏玉砌"象征皇宫的繁华。帝王喜欢建造宫殿、长城、运河等，都是繁华崇高的象征。

"朱颜"中"朱"是红色，是"鲜艳美好"的意思，"颜"是容颜，这里指谁的容颜？可能指李煜自己的容颜——一国之君的神采奕奕，也可能指宫女美女的娇美容颜，只是如今都不复存在。往日"雕栏玉砌"，如今冷落凄清，繁华与荣光如今都不复存在。

"春水"，用水比喻愁。为什么不是澎湃的"夏水"，或"秋水"？因为春天的水，绵延不绝，越涨越高，一直不断。诗人的愁绪正如"一江春水"一直都在，而且越涨越高，没有断绝，这样的愁，这样的痛苦，不但没有减轻，反而越来越汹涌！

3. 归类意象，深入理解

接下来，笔者把意象进行了归类，如"春花秋月""东风""往事""小楼""故国""雕栏玉砌""朱颜""春水"。

（1）写作季节的反差对比。

从时令上看，"春花""东风""春水"都是和春天有关的事物，而不是

"秋花""南风""冬水"。为什么描写的是春天的景物？春天是万物生机勃发的季节，春天是活力、美好、温暖的象征，可是越是乐景越能反衬。东风又起，春天如约而至，自然界的春天去了又来，而"我"的人生春天在哪儿呢？越是仰望，越是绝望，人生的愁苦也许就在于此！

（2）乐景与现实的对比。

"往事""小楼""雕栏玉砌""朱颜"这些都是曾经的繁华生活的象征，如今却"不堪回首"，如此对比，更是乐景写哀，突出了一个帝王由天堂跌入谷底，今非昔比，表现了内心的痛苦与无奈。

（3）不变与巨变的对比。

不变的是永恒的年年到来的"春花秋月"，可是巨变的是今非昔比的"往事"；不变的是年年到来的"东风"，巨变的是不堪回首的"故国"；不变的是"应犹在"的"雕栏玉砌"，巨变的是已改的"朱颜"。通过前后对比，对往事的叹息、亡国之恨、离家之痛、思家之苦全部跃然纸上。

三 | 品语言，赏词句——诗歌解读的根本

诗歌语言是凝练的，一字一句都有深刻意蕴，赏析诗词中的语言，是深入诗歌骨髓的根本。

《虞美人》这首词，笔者反复阅读后，尝试把一些词去掉，再读，并反复比较琢磨：

春花秋月，往事多少，小楼东风，故国月明中。

雕栏玉砌在，朱颜改。问君能有多愁，恰似一江春水向东流。

在反复诵读中，笔者明晰了这首词饱含的情味。

"何时了"，真的在问吗？这本身就是一组矛盾。春花发时无穷艳，月到中秋分外娇。春花秋月本是给人愉悦的，可是诗人却希望赶快停止，他不想面对什么？过去的辉煌、曾经的繁华和今日的阶下囚身份。这哪里是在问"何时了"，而是在抒发痛彻心扉的感叹——睹物思情的悲苦、亡国之

君的耻辱、今非昔比的悲苦！这种挣扎，是逃避之悲！

"知多少"，他仿佛在问，却又不是很清楚，他的内心一直是矛盾的、挣扎的。过去的事情一幕幕、一件件、一桩桩，他为什么沦落到这一步？他幡然醒悟，悔不当初，只是一切都悔之晚矣！这种挣扎，是悔恨之悲！

"又"，一个又一个夜晚，忍受着这样的痛苦，每一次东风，"我"都能感知，在夜晚中一次次突然醒来，无法入眠。"又"一次次撕开疼痛的伤口，一次次撞击心灵，一次次触动神经末梢。"东风"哪儿来的？故国刮来的。这又让人不得不思念"故土"，这让人不由自主，却又无法抑制。可是回忆故国又是"不堪"的，不能忍受的是什么？诗人想到故国，就会想到自己的亡国身份，因此不敢回忆，不能忍受这样的记忆！这种挣扎，是压抑之悲！

"应犹"体现了内心的挣扎和矛盾。"雕栏玉砌"本是固定建筑，豪华的皇宫建筑本就在，为什么说"应犹在"？"应犹在"是"应该还在"的意思，他不确定吗？不是不确定，而是不敢确定。亡国君王的自信已经消失殆尽。"只是"在这里是"仅仅是"。我们可以想象一下：仅仅是朱颜改，他都不敢再抗争，作为亡国之君，他能有什么办法呢？这种挣扎，是无奈之悲！

"几多"是"多少"的意思。名义上是"问君"，其实是问自己，他能面对的只有自己的情感，自己内心的愁绪。他心里清晰地知道是"多少"，内心的悲愤、愁恨，如滚滚涛涛，绵延不绝。此时挣扎已经到了高潮，心中的愁苦已经无法压抑，他面对现实的无可奈何，只能靠诗词宣泄出来。这种挣扎，是愁苦之悲！

通过炼字，我们感受到了李煜内心的物是人非、人生无常的感慨，他的内心始终是挣扎的、痛苦的，就像一根刺扎在心里，却又无法拔除，只能一直疼痛无比！

四 | 要知人，并论世——诗歌解读的印证

所谓"知人论世"，就是弄清楚作者的生平遭遇和他所处的生活环境。"知人"了解作家各个方面的情况和他的创作意图，"论世"了解作品所处

的社会状况。我们解读了文本，再用"知人论世"的方法来印证自己的解读，就能够更准确地把握作者的创作初衷和创作时的真实心境。

《虞美人》中作者的这份"愁"为什么如此深重？这需要从李煜的人生际遇去感受。于是，笔者开始阅读《李煜传》，并顺着一条条线索、一个个资料去印证。

1. 生平经历

清人郭麐曾评价李煜"作个才人真绝代，可怜薄命作君王"。我们先从他的经历上看：李煜是南唐中主李璟的第六个儿子，本来帝位轮不到他，但是阴差阳错，李璟长子在父亲尚未退位时就病死，其他四个儿子也相继早夭，而无意于皇位的六子李煜机缘巧合当上了皇帝。然而，当时的南唐本就摇摇欲坠，而且他从未学过治国之道，对行军打仗更是不通，如何保家卫国？他还宅心仁厚，他的墓志铭上写有"赏人之善，常若不及；掩人之过，惟恐其闻"。他治理国家宽厚且带着孩子气，又无振作之举，所以努力无济于事。面对强大的宋朝，他只能纳贡称臣，屈求一份太平安宁的日子。

赵匡胤不愿一国二主，一句"卧榻之侧岂容他人鼾睡"后开始大举进攻，逼李煜投降。大敌当前，李煜又误中了奸计，错杀了能臣潘佑、李平。李煜知道亡国是迟早的事情，但仍然苦苦抵抗，后不想让百姓流离失所，他还是投降了，做了亡国奴，被封为"违命侯"。逍遥放纵的帝王生活从此结束，心里一直哀怨凄伤，他体验了从繁华到幻灭的过程。

2. 艺术成就

王国维在《人间词话》中对李煜评价极高，说他变"伶工之词"为"士大夫之词"。《填词杂说》云："李后主拙于治国，在词中犹不失为南面王。"他早期的作品多写宫廷的奢侈生活，词风柔艳浮华，题材大多是相思别恨、宫廷享乐等。亡国后词风变得深沉，刚柔并济，后期作品多写亡国之痛，感叹身世，承载了深沉又澎湃的感伤情绪。他的词作句句是经典，特别是国破被俘之后的作品，意境开阔，情真意切。清代学者赵翼说："国家不幸诗家幸,赋到沧桑句便工。"对失国亡国的深层悲叹,就是李煜的真实写照。

3. 写作背景

一个只知春花秋月的国君,不识干戈,成了宋朝的阶下囚。离开金陵来到开封,接下来面临的是,宋朝对他的侮辱和生死未卜的命运。亡国之君何谈尊严?况且到宋朝后给的微薄俸禄和在金陵时相比,简直不值一提,并且京中无人敢与李煜亲近,和他一起从南唐过来的旧部属也疏远他。饱尝人间冷暖的李煜,遭受着精神和物质的双重折磨。

赵匡胤过世后,皇位由其弟赵光义继承。有一次赵光义派旧臣徐铉前去探望,李煜没有任何避讳,对着徐铉悲叹:当初自己错杀潘佑、李平,悔之不已!因为这话,宋太宗赵光义知道李煜心怀故国,内心已起杀机。于是,《避暑漫抄》里说:"李煜归朝后,郁郁不乐,见于词语。在赐第,七夕命故妓作乐,闻于外,太宗怒。又传'小楼昨夜又东风'及'一江春水向东流'之句,并坐之,遂被祸。"李煜作《虞美人》一词,让故妓作乐演唱,声闻于外,被赵光义看成怀念故国的罪证,于是,赐予毒酒,将他毒死。

了解了李煜的身世经历和这首词的创作背景,我们对《虞美人》这首词中李煜的内心世界,也就理解得更加深刻了。身为一国之君,极尽繁华,也历尽耻辱——从天堂到地狱、惊涛骇浪般的人生命运。如果他是勾践能卧薪尝胆,如果他是蜀国刘禅能乐不思蜀,也许他就不会如此矛盾挣扎。可惜他是李煜,《虞美人》这首词描绘的就是身份是亡国之君,心里却是委屈的男孩的一段挣扎的心路历程。

五 | 重意蕴,深挖掘——诗歌解读的深度

我们还要根据知人论世,深刻地挖掘文本背后更为深刻的意蕴,不仅用以指导课堂,更要用以启迪人生!

《虞美人》是李煜的绝笔之词，词中看不尽的亡国沧桑沉浮，说不尽的辛酸悲，苦昔日一国之君，今日阶下之囚，多少愁绪如春水，满纸血泪悲华章。于是笔者继续挖掘李煜悲在何处。其实他的悲主要是性格造成的。

1. 悲在身份错位

李煜的悲剧在于他明明适合做词人，身份偏偏是一国之君——南唐后主。人生有种无奈叫身不由己，"作个才人真绝代，可怜薄命作君王"。他本身性格懦弱胆小，就不适合做皇帝，可是命运让他不得不做皇帝。一个人的悲剧就在于放错了位置，李煜的悲惨命运从生在帝王家就注定了！所以，人生需要去做自己擅长的事情。

2. 悲在性情纯真

七月七日，是他的生日，却也成了他的祭日。注定一生浪漫的才情后主，却毁在了自己的性格上。他生性柔和，入世简单，这本是人生的一大优点，可是作为一国之君，却正成了他的软肋。

王国维对李煜的评价是"天真与崇高的单纯"。旧臣徐铉前去"探望"。对于这个突如其来的旧臣，他一点都没有意外和怀疑，拉着对方的手大放悲声，该说的、不该说的，都说了出来，像个孩子一样哭诉着，毫无防范，也没有保留。这就是性情之悲。

如果他的身份仅仅是一个词人，那该多好啊，可惜他的身份是国君！

3. 悲在矛盾的个体

春风吹过，催生万物，终究要面对遍布的萧索。朗月当空，"故国"这个象征昔日美好的载体已然颓丧。当李煜陷入不自觉的回忆时，它变成了难以走出的迷津。

有家不能回，有国不能保，有恨不能言，有怨不能诉，这样的纠结和矛盾何时是个头！寄人篱下，寄人篱下，莫、莫、莫！亡国之君，亡国之君，罢、罢、罢！可怜的李煜！南唐后主心中岂止是深沉的叹息，简直是痛彻心扉的呼号了。"问君能有几多愁？恰是一江春水向东流。"——愁思如春水涨溢恣肆，奔放倾泻；又如春水不舍昼夜，无尽东流……

后人凭吊李后主诗云："作个才人真绝代，可怜薄命作君王。"作为一个"好声色，不恤政事"的亡国之君，也许这就是性格惹的祸吧！

解读诗歌，需要从语义层、主旨层、审美层、思想层逐步深入，这样才能真正解读出古典诗的内在风骨，也才能逐步提升一个语文教师的文本解读功底。

第二辑

在解决问题中快速成长

学情诊断：
"双减"时代，如何根据学情调整教学

教育部办公厅印发了《关于加强义务教育学校考试管理的通知》，其中要求大幅压减考试次数。学情的调研是一切教学设计的前提，也是我们有效实施课堂教学策略的重要依据，那么，在考试次数减少的情况下，教师如何有效地诊断学情、改进教学呢？下面以诗歌大单元教学为例，谈谈在教学实施中，如何不断地调整教学策略。

一 | 问卷，了解学情——整体设计教学

问卷调研是我们把握教学，进行整体设计的基础。随着课程改革的不断深化，学生作为课堂教学的主体地位越发凸显，这也对学情调研提出了越来越高的要求。在问卷调查设计中，我们需要以学习习惯、思维方式、学习方式、学习思路、经验知识和策略知识为内容诊断学情，这样才能有针对性地进行整体教学设计。

1. 有的放矢设计问卷

1. 你喜欢现代诗歌教学吗？
A. 喜欢　　　　　B. 不喜欢
2. 你喜欢什么样的诗歌教学？
A. 老师讲　　　　B. 学生自学

C. 小组合作学习　　　　　D. 自学 + 小组合作 + 老师讲解

3. 你喜欢什么样的诗歌教学内容？

A. 鉴赏诗歌　　　　B. 朗读诗歌　　　　C. 写作诗歌

4. 你喜欢诗歌教学的哪种方式？

A. 单篇教学　　　　B. 群文比较性阅读　　C. 大单元教学

5. 关于诗歌，你自己能读懂哪几篇？（多选）

A.《沁园春·雪》　　　　B.《周总理，你在哪里》

C.《我爱这土地》　　　　D.《乡愁》

E.《你是人间的四月天》　F.《我看》

6. 这些课文，你读懂的原因是什么，没有读懂的原因是什么？

7. 关于诗歌的知识，你懂了哪些？（多选）

A. 意象　　　　B. 感情基调　　　　C. 诗歌结构

D. 诗歌意境　　E. 诗歌语言的陌生化　F. 诗歌的意韵

8. 你期待怎样学习诗歌？

2. 有的放矢分析问卷

我们需要围绕问卷一一分析、思考，从而为教学设计服务。

根据调查，我们通过数据分析得出：

（1）"你喜欢现代诗歌教学吗？" 78.67%的学生选择"喜欢"。由此可见，诗歌单元在学生中是比较受欢迎的。可以得出，我们的教学在兴趣点燃方面，不是难题。

（2）"你喜欢什么样的诗歌教学？" 65.33%的学生选择"自学 + 小组合作 + 老师讲解"，因此，在教学方式的采用上，笔者确定了综合运用各种教学法。

（3）"你喜欢什么样的诗歌教学内容？" 29.33%的学生选择"鉴赏诗歌"，28%的学生选择"写作诗歌"，42.67%的学生选择"朗读诗歌"。由此可见，在诗歌教学中，朗读教学很受学生欢迎，但这一个领域往往受到忽略。

（4）"你喜欢诗歌教学的哪种方式？"65.33%的学生选择"大单元教学"。由此可见，大单元教学的整体系统性已被学生接纳。接下来要做的就是不断激趣，激发学生喜欢大单元教学的热情。

（5）"关于诗歌，你自己能读懂哪几篇？"其中，《乡愁》最容易读懂（89.33%的学生选择），最不容易懂的是《我看》《你是人间的四月天》（16%、33.33%的学生选择）。因此，笔者确定了教学的难点是:《我看》《你是人间的四月天》这两篇文章。

（6）"这些课文，你读懂的原因是什么，没有读懂的原因是什么？"这一道题是在调查学生已有的学习经验和欠缺的学习经验。通过调查发现，学生读懂的主要原因是：语言通俗，简单易懂。而没有读懂的原因是：语言陌生、深奥，不了解写作背景。

（7）"关于诗歌的知识，你懂了哪些？"通过调查发现，知道诗歌感情基调的占81.33%，而关于诗歌方面的术语，最为陌生的是语言的陌生化和诗歌的意韵。

（8）"你期待怎样学习诗歌？"学生提出了各自不同的看法，更多的是希望能够把课堂活动化，使之更加有趣。

3. 有的放矢整体设计

基于以上问卷调查，笔者对诗歌教学预设进行了调整：学生更喜欢以自主合作的方式进行学习。怎么改进呢？

首先，结合问卷调查和教材特点，笔者把学习方式改为自学＋小组合作＋教师引导。其次，把教学思路"诗歌知识—诗歌鉴赏方法—诗歌讲解"调整为"意思（中心）—意象—意脉—语言—意境—意韵"。再次，把教学难点篇目确定为《我看》《你是人间的四月天》，把诗歌教学的突破难点确定为意脉和语言的陌生化。最后，把朗读教学的课时进行了增加。

基于以上实践可以看出，问卷调查让我们更加具体地明晰了学情的起点，并把关注学生、理解学生置于教学活动之前。通过问卷调查，也更好地了解了学生的已有知识、能力、情感等真实情况。

二 | 观察，发现学情——及时调整课堂

在课堂实施过程中，心中时刻要有学生意识，让学生站在课堂的正中央。在预设和生成过程中，及时观察学生，并随时调整自己的教学知识和教学策略。

在教学中，笔者不断地根据学生对诗歌的理解和达到的程度，调整课堂的内容。

问卷调查中笔者发现，学生对《你是人间的四月天》《我看》的理解有一定难度，而这两首诗歌的语言特点，正体现了诗歌语言的陌生化。而在课堂调研中笔者发现，只有把语言的陌生化进行阶梯式的实施，才能真正让学生学以致用。

1. 概念通俗化

在理解语言陌生化的时候，学生不知道"陌生化"的意思。笔者灵机一动，问："网络词'非主流'，大家听过吗？"顿时，全班同学来了兴致，有的说："老师，就是 smart 吗？"

"smart 是什么意思？"

"smart 就是聪明的，时尚的，个性化的。"顿时，笔者眼前一亮："对，对，语言的陌生化，就是语言的'smart'，把大众化语言换成个性化语言，给人新奇感、陌生感。"当笔者这样一解释，全班同学茅塞顿开，恍然大悟。接着，笔者趁热打铁："也就是在感官层面要新鲜，在认知层面要新知，在审美层面要新美。"

2. 原文对比化

接着，与《你是人间的四月天》的文章内容进行比较，在比较句子中让学生体会语言陌生化的妙处。如：

师：请大家判断这节诗歌是否符合常理。（出示 PPT）

>那轻，那娉婷，你是，鲜妍
>
>百花的冠冕你戴着，你是
>
>天真，庄严，你是夜夜的月圆。

生：老师，我来改。

>你是那轻那娉婷
>
>你戴着鲜妍的百花的冠冕
>
>你是天真庄严
>
>你是夜夜的月圆

师：来，我们来比较地读一读，看它们有什么不同。（生读）

生：我感觉没有原文那么有节奏感了。

师：原文更有节奏感。

生：我感觉原文更有诗意。

师："更有诗意"是什么？

生：感觉跳跃，而且强调了"娉婷""鲜妍""天真""庄严"，这就把她内心的感受表现出来了，那种激动喜悦之情跃然纸上。

生：老师，林徽因是福建人，福建人有用倒装句的习惯。

生：我觉得原文更新奇。

师：所以，语言的陌生化就是让我们的诗歌显得更新奇，更有韵味，更能起强调、突出的作用，使诗歌更有节奏感、诗意感。

让学生在比较中不断地体验，不断地玩味，不断地感受到语言陌生化带来的新鲜感和新奇感，慢慢地，学生体验到了诗歌语言的那份灵动的美丽和灵活新奇的魅力。

3. 方法简单化

语言的陌生化本有多种方式，学生理解是有困难的。但是，教学的目的，就是让教学内容浅显易懂，让学生真正地学到方法。因此，把方法总结得越简单、越清晰越好。

于是,笔者从几个角度进行了总结——"句子搭配的陌生化""修辞运用的陌生化""词性转化的陌生化""短句运用的陌生化",复杂的知识就变得系统而简单。

4. 训练落实化

接着,笔者需要选择一种方式,让学生运用语言的陌生化。所有的知识如果没有进行落实,那都是纸上谈兵,而选择其中一种方法进行实践,既给了学生自主权利,也把方法落实在了行动上。

三 | 作业,诊断学情——突破学习障碍

在学生的作业中,教师要发现学生学习的障碍点和学生的学习难点,分析学生遭遇的困境,并及时进行调整,找到提点,从而进行难点突破,让学习真实发生,让学生获得真实的发展。

在学习诗歌鉴赏的环节,笔者让学生写一篇鉴赏文。可是,学生交上来的文章,笔者发现完全是支离破碎的:既没有整体的安排,也没有章法。笔者分析了原因:孩子们从心理上是排斥鉴赏的,再加上不知道如何鉴赏,于是出现了做作业不得法的结果。根据作业诊断情况,笔者从以下方面进行了学习障碍突破。

1. 设置情境作业

与其直接布置鉴赏诗歌的作业,不如创设一个真实的生活情境,激发学生的学习兴趣。于是,笔者换种方式布置鉴赏作业:"同学们,马上要召开家长会了,我们准备让大家在家长会上给家长朗诵一首诗歌,但我们的爸爸妈妈可能不理解这首诗歌,需要我们提前向他们推荐。今天我们就写一首诗歌的推荐词,同时要送给自己的家长。"顿时,教室里像炸开了的锅,热闹起来。有的说:"我妈妈文化不高,我可要给她说浅显一点。"笔者继续表达要求:"既然要送出去,那么就需要做得更加美观、漂亮。"

果然，有了这样的情境设置，孩子们做作业的劲头更高了，大家还用各种贴纸、颜色认真装饰着自己的作业，作业俨然变成了作品，丰富而又生动。

2. 教师示范作业

关于鉴赏作业，为了让学生懂章法，懂鉴赏的具体策略，笔者出示了自己写的诗歌，并写了一篇鉴赏文。同时，批注出鉴赏的板块——写作背景、意脉、意韵等。最后，通过分析总结：鉴赏时要重点突出，推荐时语言要生动。

下面便是笔者写的范例。

诗歌，情感的流淌与宣泄

亲爱的同学们，今天老师想推荐自己写的一首诗歌给大家——《夜雨》。这首诗是我偶然触景生情而写，也许真正有生命、有灵气的作品，都是抓住灵感的瞬间才会赋予生活以创意。读诗歌，就是读人，今天，你读到这首诗歌，就读到了老师的心境。**（开头引入）**

这首诗写于本周六晚上，那时，我心情很郁闷，又正好和丈夫赌气冷战，当天空突然下来一阵狂风暴雨，我心潮澎湃。细细簌簌的雨变得滴滴答答，在窗台上闪烁飘忽，忽明忽暗，我的心弦被拨动了，提笔写下了这首诗歌。**（写作背景）**

这首诗我想表达的是：内心的郁闷在这个狂乱的夜晚变得更加狂乱。**（中心意思）**

整首诗歌，我注意到了起承转合的方式：第一节，雨来了，这是起因。第二节，雨变大，情节在推进。第三节，问雨。这是转折，由描写转入了抒情。第四节，点明缘由。这是合的部分。当我们的诗歌有了起承转合，就更能体现出诗歌的结构美。**（意脉）**为了让诗歌有音乐美，我有意识地进行了押韵，像"里""沥""璃""子""底""是""泣"。读完，相信你也能感受到其中的音韵美。**（意韵）**

同时，我紧紧抓住了"雨"这个主意象，并放在了严严实实的黑色夜幕之下，我看到了树影的斑驳、闪烁的灯光，我居然想象成雾气弥漫的晨曦。这黑色幔子一样的夜晚，让我觉得迷离怅惘，我的心也跟着在下雨。亲爱的同学们，那是我听着潺潺雨声的心啊！**（意境）**

这样的场景还有很多，期待你们去赏析哟！

附：

夜　雨

雨在黑夜里

淅淅沥沥

映着远方熹微的迷离

还有那

斑驳的树影

不一会儿

雨却变成豆子

落响了窗台

砸亮了玻璃

更漫进了心底

今夜

是不是注定会

电闪雷鸣

抑或是

狂风暴雨

这猝不及防的雨啊

仿佛委屈了许久

一直在伤心地哭泣

> 对着黑夜
>
> 却沉默不语

示范的力量是强大的,笔者写给学生的示范鉴赏,贴近他们的心理和生活,符合他们的认知规律。对于初中学生,鉴赏的目的是明晰诗歌的基本要素,所以关键不在于文章有多深刻,而在于为我们的目标达成而服务。

3. 注意作业迁移

当然,鉴赏文章,我们应从选自己喜欢鉴赏的诗歌开始,从兴趣入手,首先不排斥鉴赏,然后慢慢进行提升——进阶提升是对《艾青诗选》中的诗进行鉴赏,最后是对自己的诗歌进行鉴赏。

通过变化方式和形式,把调研中遇到的问题逐一进行突破。并且美化作业,把鉴赏作业配上有意境、有意蕴的画或者插图,让鉴赏作业变得更有诗情画意。

四 | 访谈,印证学情——激发学习热情

学情把握,我们还可以以谈话的方式进行。随时记得和学生进行交流,问一问他们对学习内容的感受,让学生评价学习内容,从而印证老师对学情的把握,再根据访谈中的问题,思考如何激发学习的热情。

比如在朗读诗歌的过程中,笔者发现学生有兴趣,但是却对诗歌的情感把握不够。怎么办?笔者和学生直接进行对话:"在朗读中,你发现自己遇到的问题主要是什么?"

"读不出情感。""我感觉自己背诵很困难。"……

有的同学很是兴奋地问:"老师,可不可以唱着读?"

如果没有访谈交流,笔者会把教学重点放在朗诵知识的传授上,而通过和孩子的谈话交流,笔者发现:朗读课的重心是情感的把握,激发孩子的朗读兴趣才是最重要的。于是,笔者开始调整教学内容,把传授朗诵知识变为激发学生的朗读兴趣。具体怎么做呢?

1. 朗诵关键要传达

我们在朗读课上往往注重朗诵知识的讲授，但是，如果没有对诗歌的理解，没有学生的情感调动，一切技巧都是白搭。所以，经过调研后，笔者更加注重学生的情感调动。在学生进行朗读的时候，笔者会注重对他们形象思维的调动，视觉感受、听觉感受、嗅觉感受、味觉感受、触觉感受、空间感受、时间感受的调动，让他们在想象中产生立体的、丰富的内心感受。学生有了自己的体验，才能准确把握朗诵技巧。

2. 自由组合朗诵

为了给学生做好铺垫，笔者开始搭台阶：自由选择喜欢的诗歌，自由组建小组，尊重自己的兴趣点，尊重自己的内心选择。这样做保护了学生的学习兴趣和探究热情。

接着，分组进行划节奏和标注朗读技巧，并进行分角色朗读。然后，制定朗诵比赛标准。制定的标准也出自学生，并自我应用，真正彰显了以学生为主体。

3. 个人朗读细准备

有了集体的准备，接着就是个人的准备。这个环节，笔者要求学生做好名家模仿。这需要学生自己提前学习优秀作品，并对照朗诵标准反复进行打磨，不断自我体会、自我完善，从而培养学生的元认知。最后，把自己打造成"明星"，换上自己喜欢的演出服，隆重演出。

给孩子一个舞台，让他们闪亮登场，而这个过程就是不断让孩子学会朗读的过程，更是激发他们学习热情的过程。

五 │ 个体，优化学情——实现素养提升

学习分为群体学习和个体学习，除了群体的学情诊断，还需要实施学生个体诊断，也就是根据学生个人实际，为学生私人定制方案，从而真正

实现学生个性发展的教育理念。

诗歌教学进行到创作诗歌阶段了，如何让学生真正懂得创作诗歌，并学有所得？笔者主要针对个体进行学情诊断，并由集体到个人进行素养提升。

1. 给集体搭台阶

第一个台阶：散文改诗歌。在课堂上，笔者以"秋"为话题，让学生进行散文创作，创作完毕后改成诗歌。

第二个台阶：明晰诗歌创作标准。学生创作诗歌的前提是，需要知道标准是什么，即明晰创作要求。虽然我们的诗歌教学单元的核心知识一直贯穿整个教学，但是标准的出示，却起着指明灯的作用。

诗歌要素	标　准	自我评价	同伴评价	导师评价
诗歌描写对象	有明确的描写对象			
中心意思	有鲜明的中心意思			
意象特点	意象的特点能为中心服务			
意脉结构	按照起承转合的结构行文，语言结构有明显的标志			
语言用韵	语言有押韵的特点			
语言陌生化	语言上注重了新奇、生动			
诗歌意境	能通过诗歌语言创设意境			
意韵意蕴	注意了手法运用和修辞方法、炼字运用，同时诗歌富有哲理性			

第三个台阶：根据标准不断修改诗歌。用标准指导诗歌修改，从而不断让诗歌创作变得更加完善。

有了三步台阶的搭建，诗歌创作的基本要求就达成了。

2. 对个体细指导

集体课堂的台阶搭建完之后，就需要根据个体的特点进行个体辅导。笔者采用"每日一诗"的方式，即每天一位同学上台展示自己的诗歌，先分享诗歌推荐语，再深情朗读。台下的同学进行针对性点评，老师进行个体点评，展示的同学根据大家的意见进行二次创作。因为有了私人定制方案，同学们将诗歌修改得越来越漂亮。

3. 精致办诗集

为了实现学生的素养提升，笔者把学生的诗歌进行收集，并出了一本班级诗集。这个出诗集的过程也是个体反复打磨的过程：每个同学至少一首诗歌，打印出来集体点评，然后作者本人继续修改。最后，每一个作者的旁边配上自己的靓照，再给诗集取一个温暖的名字，诗集出炉。

这本诗集成为学生这段诗歌学习旅程中一份永恒而温暖的记忆。

在整个教学过程中，学情是教学进行设计的前提，是教学策略的落点。所以，将关注学情贯穿始终，才能让学生真正地站在学习舞台的正中央，实现有效教学！

整本书阅读：
七步攻略强化阅读价值
——以《傅雷家书》为例

整本书阅读，是语文教学改革中很火的一个词。可是，如何让整本书阅读走向深度阅读？如何实现精读的目标？这就需要长期有条不紊地计划与实施。下面以《傅雷家书》整本书阅读为例分享笔者的做法。

一 | 整体规划——周密部署实现有条不紊

整本书阅读是一个长期的工程，想做好，就需要做好整体规划。对于《傅雷家书》，我们做了以下部署。

1. 时间的整体规划

合理安排时间，是推动整本书阅读的关键之一。我们进行了固定时间和自主时间的规划：每天固定20分钟，保证了学生每日阅读名著；同时，其他时间自由支配，照顾了学生自主阅读名著。

2. 周期的合理安排

对于《傅雷家书》，我们进行了三个周期的规划，每个阶段以两周为期限，并进行任务布置。第一周期：整体阅读，圈点批注。第二周期：精选阅读，精读批注。第三周期：专题阅读，深读拓展。

3. 进度的数量安排

在《傅雷家书》的阅读中，我们进行了每个周期的细致安排，甚至精准到每天的任务安排。以第一周期"整体阅读，圈点批注"为例：《傅雷家书》是按照年份进行编排的，我们也以"年"为单位，每天看"一年"的家书，同时留出机动时间。

4. 监督机制的纵横安排

与整本书阅读同时推进的是监督机制的制定——纵横评价。（1）横向评价。①每天批注检查。对每天的读书笔记进行检查。②每周小组互评。每周小组内部进行交换评价，并评出等级。③每两周班级表彰。每两周，笔者所任教的两个班交换评价，根据各个阶段的标准进行等级评定，同时表扬优秀。（2）纵向评价：每两周学生自比，对前后读书笔记进行对比，如果等级上升，班级进行升级表彰。

二 | 家长助读——家校合力促进习惯养成

在整本书阅读中，家校合作可以提升整本书阅读的阅读氛围，让家长成为孩子的榜样，同时促进学生整体阅读能力的提升。那么，我们在家长助读上做了哪些工作呢？

1. 亲子同上激趣课

在《傅雷家书》的导读课上，我们邀请了全班学生的家长一起参与。同时，特别和家长交流了亲子共读的作用，鼓励他们自觉报名参与，家长们纷纷表示愿意陪伴孩子一起完成亲子共读。

2. 家长打卡榜样示范

接着，我们针对报名的家长专门建了群，并命名为"亲子共读群"，每天请家长们发出打卡内容。打卡项目包括："打卡人""打卡时间""日精进打卡第 × 天""今日读书""书作者""看书用时""读书+感悟"。同时，家长每天轮流值日，收集打卡内容做好统计，与孩子们同频共读，带动和引领孩子们读《傅雷家书》。

3. 亲子同台展示成果

我们组织了"共读《傅雷家书》亲子成果展示会"，家长与孩子可以围绕单个章节展示，也可以围绕整本书展示。形式多种多样：可以分享视频，可以朗诵，可以表演，还可以综合汇报。

4. 亲子共比读书笔记

亲子对同一个内容进行批注，再比较亲子之间有什么不同的地方，把亲子共读引向深处，让他们产生亲子阅读的共鸣和趣味。

家长的参与促进了孩子们的整本书阅读，助力了孩子们的学习，让孩子们感受到了家长的支持和温暖。同时，家长做好了孩子的榜样，让亲子关系融洽，整本书阅读的氛围越来越浓厚。

三 | 初读体验——圈点批注铸就整体感知

批注是在文章空白处进行批写和注释。在进行第一遍初读体验的时候，我们注重了圈点批注的以下方面。

1. 注重圈点勾画的形式

我们注重了学生的勾画、做标记、写字。圈点勾画的内容，可以是重要的句子，比如过渡句、总结句、主旨句，也可以是自己觉得优美的句子，自己认为有感触的句子，自己不理解的句子……

2. 注重圈点勾画的兴趣

为了提升孩子们的兴趣，我们注重从以下方面激发兴趣。

首先，用多色笔进行圈点批注，红色圈点批注自己疑惑的地方，蓝色圈点批注自己有感触的地方，黑色圈点批注自己觉得句子优美的地方。其次，用多色笔显示阅读次数。对不同的阅读次数，用不同颜色的笔显示。再次，用便签贴"辅佐"多色笔，随着批注次数增加、笔记增多，怎么增加整本书的空间容纳呢？我们要求孩子们使用便签贴。整本书阅读后期，再展示"多色笔与便签贴"，看谁做得有特色。最后，用好多色笔，记录阅读效果。比如，当我们进行小组比赛的时候，同桌二人一起出题，用不同颜色的笔把圈点批注、观点见解分别记录，阅读效果一目了然，这样，既能增加阅读深度，又能实现碰撞深化。

3. 注重圈点勾画的展示

我们把圈点勾画批注的成果拍成图片，在名著阅读课上用PPT进行展示，并给出评价标准，一边展示一边评选出优秀作品。

用多种方法铸就整体感知，这样就完成了第一遍阅读，我们的圈点勾画也落到了实处。

四 | 思维导图——阶梯递进促进系统建构

整本书阅读需要对文章的情节有整体的建构，而思维导图能够让我们对整本书有更为深刻的理解。

1. 用思维导图梳理文章脉络

我们在梳理《傅雷家书》文章脉络的时候，用思维导图以"年"为线索一封一封进行梳理，从而让孩子们对整个文章脉络有了更为清晰的认知。

2. 用思维导图理清人物问题

我们以人物形象为序，总结了人物、身份、性格、事件，对文章的人物进行了梳理比照，从而促进了孩子们对人物形象的理解。

3. 用思维导图进行语句梳理

我们引导孩子们不断地筛选优美的文字，并用思维导图的形式梳理出来，使孩子们对整本书的语句有更深刻的领悟。

4. 用思维导图进行主题梳理

我们以主题为序，让孩子们按照"父子情深""教子之道""为人处世""挫折面对""艺术探讨""情感处理"等把有关的主题事件梳理出来，写出感受，从而提升他们的整合、筛选能力，还纵向深化理解了文章的内容。

5. 用思维导图进行文章鉴赏

根据鉴赏文章的方法，我们把《傅雷家书》进行分类，分别鉴赏，从而提升孩子们的鉴赏能力。

在《傅雷家书》整本书阅读中，我们运用思维导图，不仅理清了整本书的脉络，还加深了对作品的理解，并对这本书的整体建构有了系统的理解。

五 | 选读落实——考级 PK 玩转语言积累

经过前面的步骤，整本书阅读虽然有了整体建构，但是如果我们只是让学生整体读、盲目地读，而缺乏阅读方法指导，学生会因为没有充分地去体验、去理解、去思考，而很难完成名著阅读的深层建构，也无法实现语言积累。那么，该怎么做呢？

1. 依据兴趣，制作选读卡

部编版教材对每一部名著都给出了阅读方法方面的指导要求。《傅雷家书》的阅读要求是：学会选择性阅读。所以我们让孩子们根据自己的兴趣，选择吸引他们的句子和地方，做成选读卡片。

2. 根据理解，精读选读卡

对选读卡进行自我精读、自我鉴赏，把书中的句子内化成自己的思考。

3. 根据 PK 情况，小组展示考级

我们以小组为单位，以 PK 的形式进行考级展示。考级的内容主要是背诵选读卡上的句子。考级规则是：小组每个人轮流背诵，一次一句，背诵过的不能重复。背诵的句子越多，小组的名次越靠前。

小组考级分三级：基础赛，每人一次一句进行轮流；中级赛，每人一次三句进行轮流；高级赛，每人一次五句进行轮流。最后根据句子的多少，评出考级：选择性阅读荣耀组，选择性阅读王者组，选择性阅读星耀组。

在活动中我们完成了选读方法的落实，从而把阅读引向了深处。

六 | 深度研读——多种课型漫溯文本深处

整本书阅读，老师的作用也不可忽视。老师的作用是引导，在整本书阅读中不断地把文本引向深处，实现深度研读。这就需要老师设计多种课型，让学生最终学有所获。

1. 导读激趣课：傅雷故事我来讲

在导读激趣课上，我们需要找到学生的兴趣点和兴奋点，并且充分发挥学生的主体性。

我们要求学生提前把有关傅雷的故事分分类，比如傅雷小时候的故事、傅雷的爱情故事、傅雷的教子故事等，并查阅资料，将故事与《傅雷家书》的背景结合起来，来一场"傅雷故事会"。同时，我们还邀请了家长参与进来，增强阅读的仪式感。

2. 专题赏析课：教子之道我来评

在专题阅读中，"鉴赏语言""分析人物"是必不可少的环节。在共读《傅雷家书》时，我们围绕"教子之道""日常礼节""艺术探讨""挫折处理""情感处理"等方面进行赏析，最后实现工具性和人文性相统一，"知识落实"与"核心素养发展"相统一。

3. 专题思辨课：爱情话题共商讨

我们利用现有的资源，对学生进行了思辨思维的培养。在爱情话题的商讨上，我们对傅雷有关感情的处理的段落与章节进行了深刻解读，并提炼出"爱情是需要冷静的"，从"不冷静会有什么后果""冷静的好处""如何做到冷静"等方面结合文本进行了深入探讨。同时，我们针对朱梅馥对傅雷的付出，围绕"真爱重要还是尊重、平等重要"进行了辩论，从而提升了学生的思辨思维。

4. 文献拓展课：文章疑难我解决

我们还围绕《傅雷家书》里面的疑难问题，或者学生自己期待去了解的问题查找文献资料，让学生结合文本往深处延伸和拓展，从而扩大了整本书的宽度和深度。

七 | 拓展延伸——读写活动走向生活应用

一本书的价值，还在于其能否真正地应用于实际，并以此为射线，不断地延展和辐射其作用。为此我们做了以下努力。

1. 书写书信

我们进行了书信拓展。学生们"写一封给傅雷的信""给爸爸妈妈写一封信"，然后父母回信——"爸爸妈妈给孩子写一封信"，真正地实现了从文本走向生活，并真正地应用于生活、指导生活。

2. 群书拓展

读完《傅雷家书》后，引导学生继续自主阅读傅雷相关的其他作品，如《傅雷读书与做人》、《约翰·克利斯朵夫》（傅雷译），以及对家风有影响的《曾国藩家书》等，真正地由整本书阅读走向群书阅读，使阅读走向持久，走向深入！

余党绪老师说："整本书阅读与课外阅读的区别，主要在于它必须借助精心的课程设计与教学安排，达成具体的教学目标。"所以，整本书阅读的探索是永无止境的，我们还需不断努力！

作文指导：
作文评改教学新模式探索

作为语文老师，我们常常为批改作文而烦恼。每次学生写完作文后，便是繁忙的作文批改。

每次，语文老师都想尽快批改完，给学生反馈，但仍然要到第二天，甚至更晚，学生才能拿到自己的作文。此时学生已经没有了写作文时的感受，修改也便缺少了思维的连贯性。怎么提升作文评阅和修改的效率，及时有效地帮助学生不断提升写作的能力？笔者探究了"自评互改作文教学模式"。本文以小说《社戏》后的作文教学为例，谈谈做法。

一 | 学情把握——教师初看发现问题

学完《社戏》后，笔者引导学生尝试写小说。具体要求是：请仿照《社戏》的行文特点，尝试写一篇小说。

学生在课上完成了布置的任务。笔者对学生的习作做了全面了解。第一步，反复阅读习作。把全班的作文浏览了一遍，在学生的习作本上不做任何标记，不撰写评语。但是对学生的问题，却做到了心中有数，并对细节问题做好了记录。第二步，提炼共性问题。这次小说写作中有以下共性问题：一是故事描写中尝试写出情节的跌宕起伏，但是不够精要；二是塑造人物时，学生难以通过多角度且准确传神的语言进行刻画；三是不少学生使用了环境描写的方法，但没有突出环境描写的特点和作用，没有助力情感的表达。第三步，确定评改重心。根据学生习作呈现的问题，笔者确定了本次自评互改的方式，并明确了教学重点——明确小说的三要素，让写出的小说大家爱读。

二 | 学生主体——互相讨论制定标准

提升课堂有效性的关键是引导学生增强目标意识，从而达到较好的教学效果。为此，笔者带领学生首先明确了好作文的标准（指标）。如何制定评价标准呢？

对有着多年教学经验的笔者来说，好作文的标准很容易提炼出来。但是，标准是直接给学生好呢，还是由学生自主讨论得出比较好？经过论证后，笔者决定让学生自主研讨后得出标准。因为老师给的是结论性要求，而学生讨论出来的是他们的成果——有思维含量的标准。

于是，笔者要求进行小组讨论，讨论结束后进行分享，这是一个互相完善、取长补短的过程。下面是我们讨论"情节"要求的片段：

师：关于情节，我们应该达到什么样的标准？

生：明确事情的时间、地点、人物、起因、经过、结果。

生：这是记叙文的基本要素呢！

师：那小说有什么更高要求呢？

生：我觉得是写清楚事情的开端、发展、高潮、结局。

生：这次我们学习的《社戏》好像不仅仅是满足这几个环节啊！

生：要有一波三折。

生：我也觉得。

师：那其他同学呢？

生：赞同，情节要有一波三折的波澜起伏。

最后，在大家的共同探究下，制定了本次的习作标准：第一，情节发展要有一波三折的起伏；第二，描写人物时要有恰切的语言、动作、心理、肖像描写等；第三，环境描写要有特色，并且要有渲染气氛、促进人物感受的表达、推动故事情节发展等作用。

同时，制定出本次习作的评分标准：情节总分15分，人物形象15分，环境描写15分，习作创新10分，总分55分。这是按照中考的总分标准制定的。

有了标准，接下来的自评互改就有了具体的风向标。

三 ｜ 学生自查——规范具体步骤要求

探究自评自改，需要先进行自我评价，这就需要把自我评价的标准落实到实处。

1. 规范步骤

笔者将自评步骤分为固定的四个步骤：（1）自评人，写自己的名字。（2）自评语，围绕三个标准展开。（3）自评分，根据各项指标进行分项打分。（4）改进项，写出改进意见，从而为自我修改做铺垫。

2. 自我修改

很多学生没有自我修改的习惯。既然要将作品拿出来在组里评价，那么就需要自查，所以笔者引导学生自评后，大声朗读自己的作品，读给自己听，借助语感，再根据共同讨论的标准，进行具体的习作修改，从而培养主动修改的良好习惯。这一步的难点是规范学生的自评语。

师：请一位同学展示自己的自评语。

生：我的自评语是"情节有一波三折"。

师：一波三折具体是什么？可以用心电图的形式展示出来。

生：情节有三次波折：第一波折，与小伙伴在田野里行走，被抛弃，躲了起来；第二波折：躲起来后，把衣服弄得脏兮兮的，害怕被骂；第三波折：怕被父母骂，就拿刷子刷，没想到越刷越黑，结果回家后把妈妈逗笑了。

师：很好，这样就能发现自己的优点和问题所在了。

因为有了规范的步骤、自评的细节落实和具体化的自查，学生慢慢养成了基于标准进行自我评价、自我修改的习惯。

四 | 同伴互查——群体互助取长补短

俗话说：当局者迷，旁观者清。把自己的文章交给别人看，能发现自己无法发现的问题。

1. 同伴互评

同桌交换习作互评，同样用固化的程序呈现：（1）点评人；（2）点评语；（3）点评分；（4）改进项。

2. 互相交流

互评之后，交流自己的意见，这是一个达成共识的过程。对别人的意见，有不同意的，也可表达自己的想法；评改的同学提出自己的观点，这样就达到互相学习的目的。

3. 表达感受

经过评改别人的文章、别人评改自己的文章后，很多同学的思维能力已经有所提升，这时需要让学生表达自己的收获。

被人评价后的收获：我发现同桌看到了我没有看到的地方，比如环境描写，我以为表达出了效果，但是读者却没有看出来。

评价别人文章后的收获：每个人的风格都不同，我觉得同桌的文章语言更有意境，更独树一帜，这是我要学习的。

在互评环节中，学生充当了双重身份，既在评价别人，也在被人评价，所以，既可以学习别人，也可以自我察觉。

五 | 二次评改——提升写作成就感

有了自评、互评，全体学生进行二次修改，习作会有质的飞跃。有的同学表示：自己都有修改的冲动了。

经过"写作—评价—再写作"的过程，学生提升了自信，看到了自己文章的进步，有了修改习作的成就感。

六 | 小组共磨——强化打造优秀作品

再次修改后，小组进行集体推优，共同打磨一篇文章，并且每周进行一次，让学生形成由优秀走向卓越的意识。

1. 共同推优

每次作文，小组内部一起选出最优秀同学的习作，也可以轮流被推优。这样，一个小组六人，每周一次，一学期每人至少会被推优三次，每个人都有被单独锻炼打磨的机会。

2. 印发习作

被推优者将习作给每人印发一份，避免大家手里没有文章，同时增强仪式感，提高对习作的重视程度。

3. 小组共改

小组内部共同修改，共同提意见，共同进行打磨。然后，被推优者代表小组参加班级作文比赛。

七 | 教师深化——转化角色差异教学

在习作点评过程中，老师起什么作用呢？

1. 面评作品

老师由以前的整体平均用力走向差异化教学，参与不同小组内部自评、互评、共评的所有环节，并进行专门的小组轮流指导。

2. 轮流打磨

对优秀作品，需要老师进一步进行细致的、有针对性的个别指导。每次一个小组打磨一人，轮流打磨，在一个学期内，所有学生都有被个别指导的机会。

3. 角色转换

老师在自评互改作文中充当什么角色呢？由以前的老师主导变成学生学为主体，真正把学放在第一位，在学生遇到困难点的时候进行点拨，在学生遇到障碍点的时候进行指导，在学生遇到增长点的时候进行帮助。所以，在这场活动中，老师会变得更加智慧。

八 | 推荐优秀——持续调动内驱动力

当然，自评互改模式非一日之功，需要持续地坚持，那么，如何保持学生的积极性呢？

1. 张贴表彰

将优秀的作品张贴在班级公布栏里，引来无数的参观者，增加学生的荣誉感，增加学生持续打磨作文的原动力。

2. 评选等级

小组内部打磨出来的作品，代表小组参加比赛，我们需要评选出等级，增加小组内部的合作意识。

3. 奖励先进

对每组优秀文章给予特定荣誉，如最佳情节奖、最佳环境描写奖、最佳人物塑造奖……每次的获奖称谓根据训练标准进行确定，把"学习标准"作为从一到终的指标，衡量学习效果。

  作文评改探究是我们一直不停研究探索的话题，而自评互改模式正好可以让教师变得更智慧、更高效，让学生变得更独立、更主动，不仅提升了学生的阅读能力、理解能力、运用能力，也提高了课堂效率，实现了自主共学，促进了师生共同成长！

语文活动：
用活动突破薄弱学生学困点

面对欠发达地区的一些学生的语文基础薄弱、自制力差、主动性不够，如何激发学生的学习兴趣，使其形成学习主动性，并养成良好的语文学习习惯？教师需要做的是拓展语文学习的空间，用语文活动来提升学生学习语文的活力。

一 | 才艺展示——创造展示自我的机会，培养自信力

苏霍姆林斯基说："让每一个学生在学校里抬起头来走路。"欠发达地区的孩子，他们最需要的是树立自信心，对学习语文不惧怕。笔者亲身经历过学生在课堂上回答问题时直言"不知道"，而这种现象是普遍存在的。从中可以看出：学生对学习没有自信。心理学研究发现：一种心理体验的获得和巩固，需要外部信息的不断刺激。一个学生自信心的建立，需要学生充分地了解自己，发现自己的优势。每个人都有成为优秀者的渴望，当一个人对自己产生自我效能感的时候，他的自信力自然就会增强。

于是，笔者决定开展才艺展示，让学生自主选择才艺内容，自主选择合作伙伴，自主选择合作形式。笔者在这期间，只做了一件事：给学生一个舞台，给学生创造一个展示自我、树立自信的机会。

正好，有一个媒体需要我们录一段录像，笔者便对孩子们说："孩子们，有个电视台需要来录一段录像，大家可以把自己最好的一面展示

出来哟！"

果然，孩子们在才艺展示中，显现出惊人的表现力。作为云南贡山的孩子，他们的主要特色之一是"歌舞"，一个平日学习非常吃力的孩子，歌声一出，瞬间让所有人震撼，在场人的心也跟着歌声起伏跌宕，在笔者的心里，这简直就是专业水准啊。其他同学仿佛也受到了鼓舞，鼓足勇气，站上讲台，表演自己的才艺：有的唱歌，似潺潺流水，低吟浅唱；有的诵诗，如大江东去，热情激昂。整个展示现场顿时掀起了才艺表演的高潮。

一个平时默默无闻的孩子，现场展示了一段舞蹈，惊呆了在场所有人。现场的一个年轻导演也被孩子们的热情感染，激动地说："我来为你们唱一首歌曲，希望你们能走出大山，看到更加广阔的世界。"随即，孩子们联唱、轮唱、接唱，一波未平，一波又来，现场完全变成了欢乐的海洋。

当一个人能在潜意识中发现自我的时候，就能生发出自信力。作为老师，笔者趁热打铁，抓住时机，毫不吝啬对孩子的赞扬，并顺势引导、鼓励他们："既然我们有那么好的天赋，为什么不把自己的优势发挥到极致呢？用这份对唱歌的热情来面对我们的学习，在我们的课堂上也这般努力，才能让自己的未来走得更远。"

果然，有了自信心的树立，孩子们敢于在课堂上提问和回答问题了，敢于在课堂上积极探究了。

二 | 法庭模拟——创设情景，懂语文课堂规则

学生有了自信，还需要建立规则。班上有些孩子的规则意识薄弱：有的不交作业，有的上课随意说话。有次恰好发生了一件事：几个孩子因为没有完成作业，私下跑了。笔者灵机一动：与其大发雷霆，不如顺势而为，利用语文课堂搞一个模拟法庭，既可以培养学生写应用文的能力，还可以培养语境交际的能力。而更为重要的是，在潜移默化中还培养了学生语文学习的规则意识。

第一步，交代法庭角色。笔者让学生明晰了法庭角色：审判长、审判

员、书记员、原告、被告、证人。

第二步，明确角色职责。笔者通过查找一些资料，让孩子们知道各自角色需要承担的职责。具体如下。

审判长：承办本案件，做好庭审的相关准备工作，能主持庭审活动。组织合议庭成员做好准备工作，能主持合议庭对案件进行评议。当案件发生分歧的时候，能够按照程序提交讨论决定并报法院院长。按照规定的权限审核、签发诉讼文书，依法完成审判工作等。

审判员：协助审判长进行评审活动，在审判中，要忠于法律，坚持清正，忠于事实，对书记员工作进行指导，并互相配合，做好审判工作。

书记员：负责案件办理的记录工作，整理、装订、归档案件相关材料。

原告：指认为自己的民事权益受到侵害，以自己的名义向人民法院提起诉讼，从而引起诉讼程序发生的人。

被告：指被认为侵害了原告的合法权益，依法被人民法院传唤应诉的人。

证人：能够提供证言的人。

第三步，清楚开庭程序。

开庭审理：开庭前，审判长核对成员，宣布合议庭成员，书记员通知相关人员。

法庭调查：审判长宣布开始法庭调查。当事人陈述和证人作证。

法庭辩论：原告和被告答辩，互相辩论。

评议阶段：审判长宣布休庭，合议庭进行评议。

宣判：宣判判决结果。

第四步，书写剧本。给出一个具体案例模板，让学生写出具体剧本。

第五步，分组合作。班上36个人进行小组分组，并分配好角色，明确自己的角色定位。

第六步，精选剧本。小组内选取优秀剧本，并反复修改，进行排练，最后每个人对自己的角色和对白进行熟悉。

第七步，排练。排练是一个具体体验的过程。

第八步，正式开庭。因为孩子的基础薄弱，所以笔者将重心放在规则的体验上，评价标准是：（1）开庭程序要完整；（2）把握好自己的角色和对白；（3）能够深入领会法庭模拟的精髓。

第九步，日记反思。因为有了前面的一系列体验，所以孩子们在日记中都反映：学习，最重要的是懂规则。

第十步，给出课堂规则。

意识决定人的行动，通过法庭模拟，孩子们在真实体验中明白了规则的重要性，也明白了课堂要讲究规则。语文课堂变得有序、有活力，为学习语文打好了基础。

三 | 童话剧表演——全情投入，促进文本理解

孩子们基础薄弱，在深入的文本思考上会显得贫乏，不愿意走进文本。可是，如果一个学生对课文内容不理解，没有自己的见解，老师所有的讲解都是隔靴搔痒。

因此，在学习《皇帝的新装》时，笔者要求学生先学习课文，然后分组分角色、写剧本，最后上场表演。

每个组都认真进行排练，揣摩各个角色的性格，努力准备服装，一个个都兴致盎然。此时，他们显得那么投入而积极。这就调动了内在的学习兴趣，调动了学习的内驱力。

正式表演那天，孩子们甚至在现场还在准备道具：有的把本子折一折、撕一撕，做成皇帝的帽子，有的把家里的旧床单改成皇帝的袍子。表演的时候，大家全情投入，有时让人捧腹大笑，有时惹人深思……

孩子们天然地喜欢童话剧表演，童话剧表演不仅活跃课堂气氛，使学生获得快乐，也使教师教得更加轻松。笔者明显感觉到，孩子们对课文有了更加深刻的理解，在揣摩人物的时候，他们的想象力更丰富了，语言水平更高了。

四 | 诗林大会——增加动力，落实听写背诵

对于班上的孩子没有背书的意识和默写的习惯，教师该如何改善这种状况呢？

1. 布置任务，分层要求

在准备诗林大会时，笔者提前把任务和程序进行了明确与规范，并明确了在诗林大会上要求展示的内容：必背内容是七年级语文书上的所有古诗，选背内容是平日课内外积累的古诗。

2. 展示内容，小组合作

以小组为单位进行展示。每个人上台背诵，背诵一首诗加1分，其他成员接龙，这样不断地接替下去，当有的成员无法背下去的时候，下面的参赛成员进行倒计时数数，如果喊到"1"还是没能背诵出来，那么宣告该组失败。

3. 考查字形，现场书写

其他组的成员当考官，现场进行提问，考查字形。为什么要考查字形呢？这样有利于学生掌握字的写法，并且每个考官在考别人的同时，自己也能识记字形。

当选手现场书写出现错误时，现场的成员会马上提出来，如此，记忆会更加深刻。

4. 现场进阶，诗词鉴赏

若只会背诵诗，而不懂得诗的意思，便是隔靴搔痒、囫囵吞枣。因此，笔者要求其他组的成员根据古诗的内容、情感、手法、炼字等进行提问。提问的顺序是：1组由2组提问，2组由3组提问……这样轮流提问，全面而有秩序。

因为有现场鉴赏的任务，孩子们自觉学习的动力更足了，自觉回家查

找资料，自觉理解，自觉背诵，听写背诵的任务也就自然完成了。

五 ｜ 名著大比拼——聚集知识，提升语文素养

任何一项活动，如果不落实提升语文素养，都难免被人诟病为空中楼阁。所以做活动，既要能给学生愉悦快乐和生动有趣的体验，又要逐渐提升学生的语文素养。

对于班上的孩子阅读名著时间比较少，并且思考不够深入，该如何用名著大比拼活动来聚焦知识，并提升语文素养呢？

1. 知识清单，提前制作

在举行名著大比拼之前，笔者做好知识清单，包括文章内容、中心、人物形象、故事情节。对重点、次重点分别进行梳理，给学生一个整体的建构。对个别有基础的学生，可以教他们学会自己梳理，这样更有实效。

2. 自我提问，确定考题

美国布鲁巴克说："最精湛的教学艺术，遵循的最高准则就是让学生自己提问。"布置学生自己出题，自我提问，并把题目的答案整理出来，这样的方法，让他们既明白自己的原点，也容易找到自我生长点。每个组员准备两个问题，那么，一个小组就聚焦了八个问题，而全班的问题就更加广泛了。学生为了准备问题，会更加认真地进行复习，这是一个自我生长的过程。

3. 现场提问，进行比拼

参赛小组上场，其他组都当考官。考官提问，参赛小组的四个组员需要轮流回答完问题，才算比拼结束。中途也允许其他组的考官现场变成选手，与参赛小组同时进行抢答。所以，现场提问环节呈现了热火朝天之势。提问的人认真提问，抢答的人侧耳倾听，必答的人也不敢懈怠，因为都有任务在身。

4. 现场笔试，加分环节

笔者把提前准备好的考题发下去，现场每个人进行笔试，然后公示答案，相互进行评卷。改卷人不仅要改卷，还要现场对对方答案进行订正。最后，把分数统计出来，算小组平均分，作为小组加分项。

5. 现场评价，进行发奖

所有小组的分数算出来后，按照分数高低进行现场评价，而评价尽量以鼓励为原则，确保所有的人都能获奖，如"精英小组""最佳提问奖""最佳答题奖""最佳笔试奖"……

语文活动能够让学生在实践中获得直接经验，并且因为在做中学习，在体验中感悟，在体验中思考，在体验中升华，语文素养更容易养成，如此减负提质将不是梦！

资源整合：
利用旁批进行自读课文教学

初中语文教学中，有教读课文和自读课文。对自读课文，我们如何利用资源整合更好地进行教学呢？与其舍近求远，不如利用好教材里面的资源，如自读课文里的旁批，进行有效的整合，从而建立文本、编者、读者之间的联系。

一 | 引子——解读自读课文

1. 自读课文的教学地位

国家统编教材的一个突出特点是：构建了"教读—自读—课外阅读"三位一体的阅读教学体系，这里面，自读是重要的创新点。

教读课：由教师带着学生，运用一定的阅读策略或阅读方案，完成相应的阅读任务，达成相应的阅读目标，目的是"学得阅读方法"。

自读课：学生运用在教读中获得的阅读经验，自主阅读，进一步强化阅读方法，沉淀为自主阅读的阅读能力，目的是"运用阅读方法"。

课外阅读：注重"一书一法"，每次"名著阅读"课，都引导学生举一反三、学习某一种读书的方法，并开展专题阅读活动。

温儒敏说："精读课主要老师教，一般要求讲得比较细，比较精，功能是什么？就是给例子，给方法，举一反三，激发读书的兴味；而略读课呢，主要不是老师讲，而是让学生自己读，把精读课学到的方法运用到略读课中，自己去试验、体会，很多情况下，略读课就是自主性泛读。两种课型不同，功能也有不同，配合进行，才能更好地完成阅读教学。"

新课标对自读课文做了十分明确的教学要求：自读课文，让学生自读、自测，培养和检验学生的阅读能力和自学能力，以配合讲读课文的教学，完成听说读写训练。

综合起来，自读课文应该得到重视。学生走出校门后，会忘记老师在语文课上所教授的内容，但是，阅读的方法、技能以及对阅读的持久兴趣，应该沉淀在血液里，无影无形却又无所不在。叶圣陶先生在《略读指导举隅》中指出："学生从精读方面得到种种经验，应用这些经验，自己去读长篇巨著以及其他的单篇短什，不再需要教师的详细指导，这就是'略读'。就教学而言，精读是主体，略读只是补充；但是就教学效果而言，精读是准备，略读才是应用。"

培养学生独立阅读能力的必要条件就是独立阅读的时间和空间。要敢于放手，充分放手，把课堂真正交给学生。

2. 自读课文的现状

在平时，对于自读课文我们是如何教学的呢？我们可能有以下几种情况：不知道怎么教，当成教读课来教，放任不教，当成测试材料，割裂地教（没有整体概念），随意地教（没有具体科学的方法）。

一篇自读课文包括文本、旁批、注释、阅读提示、读读写写，其中最引人注目的是旁批和阅读提示。

从初中的三个年级来看：

初一："旁批""阅读提示"是初一教材中的重要助读材料。我们可以解读出：旁批是学习自读课文的重要支架。

初二：课文编排的方式变成了一篇有旁批，一篇没有旁批。我们可以得出：一篇当作自读课文支架，一篇可以试着自己写旁批。

初三：古文自读课文比重增加。我们可以得出：由现代文自读上升到古文自读，阅读难度增大，自读要求提高。

二 | 是什么——自读课文旁批类型

统编教材中说:"旁批是统遍教材中'自读课文'特有的助学系统,是编者用心良苦开发出来的教材教学资源。"

旁批的种类有哪些呢?旁批随文设置,内容丰富,形式多样,从呈现的方式上大致分为两类。

1."点评式"旁批

"点评式"旁批是针对课文内容的关键之处、写作技法、文笔精华等所做的精要点评。

(1)针对内容关键之处所做的点评:

启示真理,给"我"以爱——莎莉文老师再塑"我"生命的两个支点。

——《再塑生命的人》

问题的提出来自于细致的观察。

——《动物笑谈》

(2)针对写作技法所做的点评:

开篇点题,领起下文。

——《雨的四季》

(3)针对文笔精华,侧重语言赏析所做的点评:

春雨"洗淋"万物,夏雨却"浇灌"大地,准确写出雨的不同特点。

——《雨的四季》

注意品味文章语言的清新典雅。

——《散文诗二首》

2. "问题式"旁批

"问题式"旁批以问题的形式呈现,启发学生思考。具体分为指向文本内容、写法或语言特色、对文本的深度思考等的旁批。

(1) 指向文本内容的旁批:

"逗笑""怪诞不经""疯子",这位动物观察者会有怎样奇怪的行为?

——《动物笑谈》

(2) 指向写法或语言特色的旁批:

这里为什么要插叙与故乡园院里的"莲花"有关的往事?

——《散文诗二首》

"说也奇怪"是神话、童话等作品中常用的话。作者为什么要这么说?

——《女娲造人》

(3) 指向对文本的深度思考的旁批:

女娲用黄泥造人,而我们常把土地比作母亲,你能从这个"巧合"中读出什么?

——《女娲造人》

这些问题不一定都需要学生回答,有的是为了引起学生的兴趣,让他们带着问题往下读;有的是提示学生,这里有不寻常之处,读到这里可以停下来想一想。

另外,旁批还具有示例的作用。自读课文除了旁批,还有留白,主要目的不是让学生抄笔记或者回答问题,而是希望他们能够仿照教材上的旁批,自己做一些个性化的批注,自主品评、鉴赏文章。此外,教材中还安排了一些不设旁批,仅有阅读提示的自读课文,供学生自主批注,这也显示了教材设计的梯度。

三 | 怎么做——基于旁批进行教学设计

作为教师，可以利用旁批设计教学活动；作为学生，可以利用旁批学习教学内容。人民教育出版社中学语文室主任朱于国曾说：旁批设计的原则是方法指引，指向关键，导向语言，准确有用，引向深度，语言简明。下面以《走一步，再走一步》为例，谈谈怎么利用旁批进行教学设计。

1. 基于单元提示、阅读提示明晰学习目标

《走一步，再走一步》所在单元的单元提示是这样的：

拥有美好而充实的人生，是我们共同的心愿。本单元课文，从不同方面诠释了人生的意义和价值，有对人物美好品行的礼赞，有对人生经验的总结和思考，还有关于修身养德的谆谆教诲。令我们感动的，是其中彰显的理想光辉和人格力量。

本单元继续学习默读。在课本上勾画出关键语句，并在你喜欢的或有疑惑的地方做标注。在整体把握文意的基础上，学会通过划分段落层次、抓关键语句等方法，理清作者思路。

单元提示是教师理解教材的桥梁，实施教材知识体系的依据，也为确定教学目标指明了方向。通过单元提示，我们可以明白本单元的教学重点：（1）继续学习默读；（2）勾画关键语句，对喜欢的或疑惑的地方做标注；（3）在整体把握文意的基础上，学会划分段落层次、抓关键语句等方法，理清作者的思路。本单元的人文主题是：人生意义。

《走一步，再走一步》的阅读提示是这样的：

本文是作者对自己童年时代一件往事的回忆。文章按照时间顺序，讲述了自己从冒险到遇险，再到脱险的全过程。这个过程，其实也是"我"从胆怯、恐惧到克服心理障碍，收获自信，甚至有了一种成就感的心路历程。默读课文，勾画出文中标志事件发展和描写"我"不同阶段心理活动

的语句,试着复述这个故事。

　　生活中,常常有人遇事因胆怯而畏缩不前,就像文中的"我"那样。你有过类似的经历吗?是怎样克服的?文中爸爸帮"我"脱险的做法对你有什么启发?限于篇幅,课文选入的时候做了删节。不妨课下阅读全文,看看这"悬崖上的一课"对作者的人生有怎样的影响。

　　阅读提示为我们明确了几个任务:(1)默读课文;(2)勾画出文中描写事件发展和"我"不同阶段心理活动的语句;(3)复述故事;(4)联系自己,看看有没有类似经历;(5)课后阅读全文,看看这"悬崖上的一课"对作者人生的影响。

　　通过单元提示和阅读提示,我们可以梳理出这篇课文的学习目标:(1)复述课文;(2)勾画文章标志性词句,理清线索;(3)抓关键语句,联系自己的实际,深入理解课文。

2. 解读批注,并与课文和学习目标相关联

　　首先,将《走一步,再走一步》的旁批全部罗列出来:

　　(1)交代自己身体状况不佳,埋下伏笔。

　　(2)如何理解"这是严禁和不可能的化身"这句话?

　　(3)写外在行为表现,实际在写心理状态。

　　(4)嘲笑"我"已是不对,更不该弃"我"而去。如果你是五个男孩之一,会怎么做?

　　(5)进退两难,孤立无援,心理描写细腻、真实。

　　(6)爸爸出现了。他会怎样帮助"我"脱险呢?

　　(7)爸爸为什么让我先"迈一小步"?

　　(8)为什么爸爸不让我有机会停下来思考"下面的路还很长"?

　　(9)这里的"一小步"与脱险时的"一小步"有什么不同?

　　其次,思考每个旁批背后编者的用意。

　　(1)交代自己身体状况不佳,埋下伏笔。

这是从内容和手法上进行的点评。内容上：关注作者身体与同伴的不一样，从而引导学生关注文本，在文本中去寻找作者身体不佳和与众不同的地方。手法上：直接用批注的方式点出，有助于学生理解。

（2）如何理解"这是严禁和不可能的化身"这句话？

这个句子本身就是一个难点。编者的意图是引导学生联系上下文，指向文本的内容，深入理解文章的关键点，同时，这个句子照应了第四自然段。编者的意图是引导学生在思考的时候需要具体化。此外，这个批注紧扣了单元教学目标——抓关键句。

（3）写外在行为表现，实际在写心理状态。

这个旁批的关键点是"行为表现"和"心理状态"，目的是让学生明白行为也可能是心理描写，进而引导学生关注本文重点——内心世界：他和别人不一样，心理虽然害怕，但是又不服输，同时也怕自己不合群。

（4）嘲笑"我"已是不对，更不该弃"我"而去。如果你是五个男孩之一，会怎么做？

这个旁批既有道德方面的引领，也有拓展性引领，从课内向课外进行拓展发散。

（5）进退两难，孤立无援，心理描写细腻、真实。

这个旁批关注心理活动的描写，写出了怕的程度。编者的意图是引导学生重点关注语言表达，赏析语言。

（6）爸爸出现了。他会怎样帮助"我"脱险呢？

这个旁批进一步引起学生的思考，指引学生往下读，引导其抓住文本的重心部分。

（7）爸爸为什么让我先"迈一小步"？

这个批注引导学生关注关键细节处。作为提问型批注，其可以促使学生提前思考答案：爸爸在引导"我"放下恐惧，集中注意力，找到"那块石头"，大胆"迈出一小步"，就开启了克服困难之旅。

（8）为什么爸爸不让我有机会停下来思考"下面的路还很长"？

这也是提问型批注，目的是引导学生联系前面的内容理解文本。同时，编者的意图是希望学生能领会文本中爸爸的智慧。

（9）这里的"一小步"与脱险时的"一小步"有什么不同？

这个批注引导学生挖掘主题，进一步引发对主题的思考，也引发了对句子含义的深刻理解。

3. 整合旁批，进行教学设计

通过整合批注，我们能发现学生学情：会关注批注，但不会用批注。通过分析单元提示和阅读提示，我们可以确定教学落点：一是复述故事情节；二是抓关键句，感受作者心路历程；三是理解"走一步，再走一步"对作者人生的影响。

有了起点和落点，我们根据旁批设计教学活动：第一步，用批注（6）—（9），梳理情节；第二步，批注（1）、（3）、（5）是赏析式批注，理解描写；第三步，根据批注（4），设置具体情境，逐步引导到中心；第四步，利用批注（9），进行主题深入。

为此，基于旁批进行的自读课文教学设计包括四个环节。第一环节：看到批注，思考类型；第二环节：关注批注，思考用意；第三环节：整合批注，深入文本；第四环节：超越批注，学会阅读。

当然，用旁批对自读课文进行教学设计，还有很多方法，比如，用旁批进行情节梳理，用旁批进行内容理解，用旁批进行方法引领，用旁批进行问题设置，用旁批进行情景设置，用旁批进行语言赏析，用旁批推动课堂流程，用旁批进行激发兴趣，用旁批进行拓展延伸，用旁批提醒重难点，用旁批进行前后勾连等。只要教师善于开发教材，善于整合资源，旁批也能为语文教学增光添彩。

深度学习：
系统设计下的朗读教学
——以《岳阳楼记》为例

语文教学中，朗读是学习语文的基本策略，亦是基本要求；朗读还是学生形成良好语文素养的重要途径。

但笔者发现：现在的朗读教学，普遍缺乏系统的指导。虽然朗读教学中，学生乐于朗读，但是，不少学生朗读时只注重技巧，对文本情感把握却不到位，甚至生硬嫁接。

如何借助朗读训练，让学生得到系统提升？如何能够让朗读实现进阶提升，由素读性朗读到理解性朗读，再到鉴赏性朗读？笔者对朗读进行了实践研究，尝试以朗读的形式促进学生走进文本、理解文本、深入文本，从而叩开深度学习的大门。

那么，怎样让朗读逐层推进，转化成学生的朗读能力呢？

一 | 感知——用默读了解文章整体

在朗读之前，默读能帮助学生更好地理解课文。一般情况下，当学生新接触一篇课文时，教师习惯于让学生用朗读的方式进行课文预习。其实，对于已经上初中的学生而言，真正符合学生认知规律的方式是用默读了解文章大意。为什么？原因有三：

首先，默读更能促进学生内化。默读使知识吸收率更高，并且更有利于理解课文，更能促进学生对知识的内化与吸收。

其次，默读比朗读的速度快。鲍德明在《谈谈朗读和默读》(《语文学习》1987年第6期）中说："默读是一种不出声的阅读方式。它的心理活动过程是从视感到大脑。大脑运用内部语言进行积极的思维活动，来理解文字内容。可见，默读由于不需要口唇活动，一般说来，就要比朗读的速度快。"由此可见，默读能够提升阅读的速度，并比朗读效率更高。

最后，默读更契合当下的测评方式。考试的时候，一般是在默读的情况下进行测试评价。所以，在感知课文的时候，笔者建议默读在前。

当然，默读也是感知内容的过程，教师需要布置一些任务。

首先，用默读的方式进行素读。勾画出文中不会的字音、不懂的文意，初步疏通文本，了解文章的大意，为后面的朗读做好感受理解的准备。

其次，在默读时持续布置任务。学生在初读阶段，一般都是囫囵吞枣。如何让默读达到实效呢？我们可以持续布置任务。比如，对《岳阳楼记》一文，在默读中完成：（1）"谪、汤、冥、曜、芷、汀、偕、谗"的注音；（2）结合注释，理解词义；（3）明确文章写了什么内容；（4）查资料，了解作者和写作背景。

二 ｜ 感受——用朗读激发学习兴趣

"读书百遍，其义自见"。反复朗读，是学习文言文，形成文言语感的关键步骤。所以，反复朗读就显得尤为重要。具体可从以下两个方面进行。

1. 实施多轮初读

开始阶段，多轮次朗读很有必要，这时需要有一定的要求。

（1）采用多种方式朗读。对于文言文，学生需要反复地进行朗读，并且要用多种方式进行。为了避免学生因多轮次朗读而感觉单调乏味，可以采用单人读、多人读、小组读、全班读、互相读、轮流读、范读、角色读等方式，来调动学生阅读的兴趣。

（2）要有层次化。朗读教学对于文言文，需要有整体的递增式要求，比如，先要求读准字音，然后要求读准节奏，最后要求读出重音、感情、味道等。

（3）要有差异。根据学生能力的不同，朗读的要求也要有所区别，比如，对基础一般的学生，只需要正确地朗读，正确地停顿；对基础好的学生，要求能把握文章重音、停连、语气；对更高层次的学生，则要求其读出感情，读出内涵。

实施多轮次朗读后，学生慢慢感受着古文的音韵美和节奏美。同时，也慢慢理清了文章的脉络：渐渐懂得第 1 段是在说缘由，第 2 段总写，后面表现的悲喜是为了引出最后一段的议论，是在为后面蓄势。对文章的脉络感悟，学生只有在多轮次的朗读后，才能有所感受。

2. 传授朗读技巧

教师要懂一定的朗读技巧，才能把朗读课上得具有专业性和科学性。从哪些方面进行呢？

（1）调整朗读状态。朗读之前，笔者要求学生全体起立，这样更有仪式感，同时，让学生调整自身状态，做到昂首挺胸，信心百倍，积极主动，全神贯注，投入作品。尤其让学生有意识地学会"见文生情"。

（2）了解朗读技巧。有人说，感情一到，技巧自生。其实这与"桥到船头自然直"一样，都不科学，且忽略了刻意雕琢阶段而直接进入回归自然阶段。所以，技巧需要学习后再运用。比如，对古文划分节奏，如果停留在凭感觉划分阶段，学生永远不会掌握划分节奏的方法。此时，教师需要传授一些技巧：在句子的结构处划，在句子的语意处划，在句前处划，在突出强调处划。

有了技巧，学生就能一一对应，划分节奏也就更加科学化。同样，关于重音，有时实中转虚也是一种重音处理。但是，如果没有朗读技巧的传授，学生只会认为重读就是要加重语气来读，而无法理解实中转虚要轻读也是重读的技巧之一。

（3）注重配乐选择。学生朗读时，配上恰当的音乐，将会起到营造气氛、激发情感的作用，也能不断调动学生的朗读热情。选择正确的音乐，能够帮助学生更好地理解文章的主题。比如，教学《岳阳楼记》时，笔者便要求学生选择合适的音乐给这篇文章配乐。

师：如果让大家选择配乐，第1段用什么音乐？

生：我觉得用比较舒缓的音乐吧。

师：为什么？

生：因为第1段就是在交代为什么写这篇文章，主要是记叙。

生：老师，我觉得《高山流水》比较适合，因为比较舒缓。

师：那我们试着读一读。

（生配《高山流水》，投入、动情地朗读。）

师：那我们在后面用什么音乐呢？

生：老师，我想用唢呐。

（全班大笑）

师：唢呐表现得怎么样？

生：欢快。我觉得更适合第4段，因为第4段是开心的情景。

师：用什么样的乐器我们也得有讲究啊。

生：老师，我觉得第3段是悲伤的，可以用二胡。

生：用箫可以吗？

生：我觉得可以试一试《二泉映月》。

师：大家要不要试一试？

（生配乐朗读）

让学生讨论选择什么配乐合适，就是在强化学生的感受，创设朗读情境的过程，也顺势引导学生全身心地投入文章中，从而起到深入理解文章内涵的作用。

三 | 感悟——在朗诵中深度学习

朗诵与深度学习如何产生联系？这需要在朗诵中对文本进行深入解读，将文本内涵挖掘出来，同时，需要有挑战的"学习任务"。在这样的情况下产生的思考和探究，才能产生深度学习。

因此，作为教师，我们需要设计有用的朗诵活动。

1. 读中要有想象

朗读时，需要理解朗读内容，然后发挥想象力，再把情感表达出来。因此在朗诵教学中，如果学生在朗诵中能做到看中有想，想中有读，读中有看，就能对心灵产生撞击和震撼，激起的情感才会愈来愈强烈。例如：

看：在洞庭一湖。衔远山，吞长江。

想：波涛汹涌的洞庭湖。远山与湖相连接，吞没了长江。

再想：这烟波浩渺、波涛汹涌的洞庭湖啊，衔接着远处的山脉，又吞没着长江的流水，仿佛在咀嚼，在吞吐。它像一个健壮的青年，力大无比，气势磅礴，又充满生机。

感情：喜爱、兴奋、热爱。

读：在洞庭一湖（缓慢语气）。衔（重读）远山，吞（重读）长江。

因此，我们设计的学习任务是："请找出你觉得能引起你想象的句子，谈谈你想到了什么，并读一读。"这样的学习任务，就把学生看到的文字与想象相结合，再转化成读，在读中又想，实现了理解—想象—表达的反复螺旋式上升。

2. 读中要有品味

在朗诵的过程中，教师对语言要有一定的感悟，引导学生推敲字词句，从而在学生把握重音、停连的朗读技巧中去揣摩、去体会，并努力与作者当时的写作背景接轨，从而实现阅读的深度体验。

这个过程我们可以设计三种方式进行：（1）在设计朗诵中体会、鉴赏文章；（2）在读中进行评价，从而鉴赏文章；（3）在比较中鉴赏文章。可将三种方式综合运用。

师：请大家选一个你喜欢的句子，谈谈你准备用什么技巧来读，并说明理由。

生：我选的是"噫！微斯人，吾谁与归？"

师：你准备怎么读？

生：我准备将"噫"字拉长，"吾"字重读，"归"字重读。

师：为什么这么处理？

生：我觉得这个"噫"是强调。

师：他在强调什么？

生：他在说，如果"没有这种人，我同谁一道呢？"

师：他在表达什么？

生：他的内心很孤独，很无奈。

师：那请你试一试用孤独、无奈的语气来读。

（生读）

师：大家评价一下，他读得怎样？

生：我觉得他还可以读得伤感一点。

师：为什么？

生：因为作者被贬了，他的内心还是有些伤感的。

师：仅仅是伤感吗？

生：他还有些不甘心。

师：他这篇文章是写给谁的？

生：滕子京。

师：那还有什么意味呢？

生：我觉得他既是劝说滕子京，又是在宽慰自己，同时也是在向天下人公告："我"有这样的风骨。

师：那我们应该用什么样的音量？

生：大一点的音量。

师：那我们试一试，先用低沉的语调来读，再用高亢的语调。

（生读两遍对比）

师：这个有什么不同？

生：一个表示落寞，心中颓唐；一个表示正能量。

师：那我们到底应该怎么处理好？

生：我觉得还是要大声读。这种方式能读出范仲淹的那种孤寂、落寞、不甘心，能读出劝慰，还能读出"哪怕我身处逆境，仍然心忧天下"，这是何等的格局、何等的胸怀、何等的豁达、何等的爱国爱民情怀啊！

在朗诵中，学生把对文本内容的自我感受、自我体验、自我品味放在一起读，在咬文嚼字中，不断地去理解文本、理解作者，最后实现心智与情感的和谐共长。

3. 读中要有思辨

在朗诵中，需要有知识的建构与思维品质的培养，并且能真正地通过朗诵，最后迁移到思考中，从而运用到实际，让学生对文本的理解得以深化、内化，最后实现精神的升华。

比如，在设计学习任务时，我们可以设计成："比较'迁客骚人'与'范仲淹'的境界，说一说他们之间的差距在哪儿？在现实中如何运用？"学生在比较中得以思考，更加深了对文本的深度理解。我们还可以和《醉翁亭记》比较，进行深刻的思辨思维培养，可以设计学习任务："以欧阳修和范仲淹他们的'忧乐观'为核心，说一说他们的'忧乐'分别是什么？他们分别为什么'忧乐'？怎么'忧乐'？他们的'忧乐'有什么异同？"学生在不断地比较思辨中，实现了深度的思考和学习。

总之，在文言文学习中，从默读到朗读再到朗诵，这个过程环环相扣，层层递进。同时，不断地设计有针对性和有挑战性的学习任务，才能真正实现深度学习的发生！

教材开发：
利用教材资源，学习写作技巧

作文教学中，许多教师到处找范文，到处收集作文技巧，并且让学生多读课外书，效果却不甚理想。实际上，我们完全可以利用好手中的教材资源进行写作教学，因为选入教材的课文，都是经典名篇，都有其独特的写作技巧。

一 | 秧好一半谷，题好一半文——标题

1. 象征式

这种题目表面上写的事物与文章联系不大，但读完后却使人觉得含蓄蕴藉，发人深省，耐人寻味。比如，《爸爸的花儿落了》《未选择的路》《土地的誓言》。

2. 关联式

利用关联词，巧妙地将文章的两部分融合在一起。比如，《从百草园到三味书屋》"从'任人宰割'到'站起来了'"，关联词是"从……到……"；《艰难的国运与雄健的国民》、"邓稼先与奥本海默"，关联词是"……与……"。

3. 标点式

标题里的标点可以使题目耳目一新，具有特殊的表达效果。比如，"民

族感情？友情？""'我不能走'"。

4. 点题式

"点题"，就是点名文章的中心意思，让人一看题目就对文章中心一目了然。比如，《伟大的悲剧》《黄河颂》《真正的英雄》。

二 ｜ 千里姻缘一线牵——线索

1. 以物象征，托物寄意

以物为线索的文章都是作者精心选取并巧妙安排的，它不仅是全文情节的红线，也是感情发展的纽带。比如，《爸爸的花儿落了》中，文章自始至终都以"花"为线索，从开头衣襟上的夹竹桃，到"石榴花没有开得那么红，那么大"，再插叙"爸爸是多么喜欢花"和"闯练"成功后的喜悦心情——"看着东交民巷街道中的花圃种满了蒲公英"，回到现实中来时，看到"夹竹桃不知什么时候垂下了好几枝子，散散落落的，很不像样"，最后爸爸去世了，文章也点明"爸爸的花儿落了"。整篇课文用"花"的繁茂和凋谢来象征爸爸的健康和辞世，并且也将毕业典礼和对往事的回忆巧妙地连在了一起。

2. 反复用句，气势斐然

反复用句是指有意识地将能点明中心的句子间隔出现在文章之首、文章之尾或独立成段，其作用是：形式上，层次清晰；语言上，增强气势；内容上，紧扣主旨。比如，《安塞腰鼓》中，"好一个安塞腰鼓！"在文中独立成段反复出现了三次，并且最后升华为"好一个黄土高原！好一个安塞腰鼓！"这样反复用句使文章内容逐步具体化，内涵加深，对"安塞腰鼓"的赞颂之情也愈显激昂。再如，《黄河颂》中也反复出现了三次"啊！黄河！"的句式，将诗歌清晰地分为三个层次，并使全文浑然一体。

3. 过渡蝉联，递接紧凑

过渡蝉联的方式，就是将上文的内容巧妙地过渡到下文，使文章给人以峰断云连的感觉，并且结构前后连贯，严谨自然。比如，《说和做——记闻一多先生言行片段》中的第7、8段：

做了再说，做了不说，这仅是闻一多先生的一个方面，——作为学者的方面。

闻一多先生还有另外一个方面，——作为革命家的方面。

第7段是对闻一多先生身为"学者"方面"说"和"做"的总结，也就是全文上半部分的总结；第8段则领起下文另一方面——革命家方面的叙事。这样的方式使文章结构缜密，线索明晰。

三 | 人靠衣裳马靠鞍——语言

1. 善用修辞

常见的修辞有比喻、排比、拟人、对偶、对比、夸张等。善用修辞是指善于选用恰当的修辞手法和善于综合运用多种修辞方法。古人云："石韫玉而山辉，水怀珠而川媚。"精彩的修辞就像"玉"和"珠"，能使文章熠熠生辉。在教材中，有许多综合运用修辞的句子。例如：

使人想起：落日照大旗，马鸣风萧萧！

使人想起：千里的雷声万里的闪！

使人想起：晦暗了又明晰，明晰了又晦暗，尔后最终永远明晰了的大彻大悟！

容不得束缚，容不得羁绊，容不得闭塞。是挣脱了、冲破了、撞开了的那么一股劲！

——《安塞腰鼓》

这部分文字综合排比、反复，一气呵成，气势逼人，如排山倒海般的让人喘不过气来，充分表现了生命和力量喷薄而出的神韵。

像这种运用修辞的课文还有很多：

假如我是个诗人,我就要写出一首长诗,来描绘她们的变幻多姿的旋舞。

假如我是个画家,我就要用各种的彩色,点染出她们的清扬的眉宇和绚丽的服装。

假如我是个作曲家,我就要用音符来传达出她们轻捷的舞步和细响的铃声。

假如我是个雕刻家,我就要在玉石上模拟出她们的充满了活力的苗条灵动的身形。

——《观舞记》(使用排比)

"你可能想到我——一座已倒落了的火山,头颅在熔岩内燃烧,拼命巴望挣扎出来。"

——《音乐巨人贝多芬》(使用比喻)

2. 句式灵活

句式灵活是指文章中融合各种各样的句式,如长短句结合,整散句交错,肯定句、否定句相间等。不同的思想内容用不同的句式,这样能美化语言,增强亮点,使文采飞扬。例如:

当我躺在土地上的时候,当我仰望天上的星星,手里握着一把泥土的时候,或者当我回想起儿时的往事的时候,我想起那参天碧绿的白桦林,标直漂亮的白桦树在原野上呻吟;我看见奔流似的马群,听见蒙古狗深夜的嗥鸣和皮鞭滚落在山涧里的脆响;我想起红布似的高粱,金黄的豆粒,黑色的土地,红玉的脸庞,黑玉的眼睛,斑斓的山雕,奔驰的鹿群,带着松香气味的煤块,带着赤色的足金……

——《土地的誓言》

这段文字巧妙地运用了整散句交错的方式,将有特征的、有意味的景物像电影镜头一样闪现,展现了东北大地的丰饶美丽,从而渲染了作者对故乡浓烈的眷恋之情。整散的结合,使文章对称中显错落,整齐中显流动。

3. 词语推敲

词语推敲是指运用鲜活的切情、切景、切题的语言，将事物的过程、情态再现出来，使其历历在目，如临其境。例如：

它先是离我较远，见我不去伤害它，便一点点挨近，然后蹦到我的杯子上，俯下头来喝茶，再偏过脸瞧瞧我的反应。我只是微微一笑，依旧写东西。它就放开胆子跑到稿子上，绕着我的笔尖蹦来蹦去……

——《珍珠鸟》

文章用了"蹦""俯下""喝""偏""瞧""跑""绕""蹦来蹦去"等词，将珍珠鸟赋予了人的神情和心理，活画出一个顽皮的孩子形象；也体现了作者对珍珠鸟的爱怜。

他从唐诗下手，目不窥园，足不下楼，兀兀穷年，沥尽心血。

——《说和做——记闻一多先生言行片段》

这句话连用四个成语，使闻一多先生为研究古代典籍而孜孜不倦、全身心投入的形象呼之欲出。

四 | 不畏浮云遮望眼——深度

1. 概括现象，提炼深度

在叙事的基础上，联系个人生活和社会生活实际，总结出带有普遍意义的道理，并具有综合性、涵盖性、概括性，能给读者以深刻的启迪，引发读者思索。例如：

信赖，往往创造出美好的境界。

——《珍珠鸟》

文章通过交代珍珠鸟胆小—渐渐胆大—开始亲近"我"—完全信任

"我"的变化过程,表达"我"作为一个强者,不但不以强凌弱,反而用完全的爱为珍珠鸟营造一个宽松、自由的空间,赢得了珍珠鸟最后的信赖,从而得出"信赖,往往创造出美好的境界"的道理。最后一句起到画龙点睛、深化主题的作用。

又如:

在困境中,我们可以把好处和坏处对照起来看,并且从中找到一些东西来宽慰自己。

——《鲁滨逊漂流记》

这一句点明了文章蕴涵的思想感情,也是文章主人公的经验总结,发人深省。

2. 引诗入文,点缀深度

在作文中,恰当地运用诗歌来点缀文章,可以达到开拓与深化、突出与升华的作用。例如:

假如有一天哪位导演要摄制《邓稼先传》,我要向他建议采用"五四"时代的一首歌作为背景音乐,那是我儿时从父亲口中学到的:

中国男儿　中国男儿
要将只手撑天空
长江大河　亚洲之东　峨峨昆仑
古今多少奇丈夫
碎首黄尘　燕然勒功　至今热血犹殷红

——《邓稼先》

古人云:"诗言志"。这首歌词正是邓稼先拳拳爱国之心的真诚表露,也是他铮铮报国之志的真实体现。所以,恰当的引用会让文章像一杯酽茶,让人觉得浓香满口。

3. 设置意境，丰富深度

意境是文章所描绘的图景与所表达的思想融为一体，一般是将景物与抒情融为一体，或用象征、隐喻来创设，从而启发读者想象，引发读者思索，加深读者对事理的深入认识。例如：

一条浩浩荡荡的长江大河，有时流到很宽阔的境界，平原无际，一泻万里。有时流到很逼狭的境界，两岸丛山叠岭，绝壁断崖，江河流于其间，回环曲折，极其险峻。民族生命的进程，其经历亦复如是。

——《艰难的国运与雄健的国民》

这个语句以"长江大河"为喻，为读者创设了一个长江大河时而波澜不兴，时而汹涌澎湃的画面，从而让读者明白：民族生命的进程，有时会一帆风顺，有时却困难重重。

创设意境可以使文章更含蓄蕴藉，更耐人寻味。

总之，在语文的作文教学中，只要教师善于钻研，善于发现，就一定能利用好语文教材这个丰富的"聚宝盆"。

试卷讲评：
用试卷讲评体系构建深度学习

学生求学期间会经历无数次的考试，会做无数的题，试卷讲评课也会上无数节，为什么学生面对同样的错误还是会发生？如何让试卷讲评课走向有效、起到举一反三的作用？这需要教师基于理解的教与学，把学生的主体地位真正体现出来。笔者在试卷讲评课上，做了以下实践。

一 | 试卷估分——注重兴趣调动

首先，激发兴趣，端正态度。上课伊始，为了激发学生的兴趣，使学生态度端正，笔者抓住了学生关心自己分数的特点，开展了"自己估分"的活动。笔者对学生说："同学们，我们来玩一个游戏吧！在评讲试卷之前，大家拿到的是自己的答题卡，卷子已经扫描完毕。那么，我们自己给自己改一下试卷，看哪些同学估算下来的分数和老师的相差不多。"学生表示赞同。其实，估分准确与否，有赖于学生对评分标准的了解程度和对自己的了解程度。

其次，对照评讲，进行评估。笔者一般会在评讲试卷前，把答题卡发下去，然后，一边评讲，一边让学生自己给自己改，最后算出总分。全班统计完毕后，再拿出学生的真实分数进行对比。

最后，比较结果，自我反思。估算准确，学生会欢欣鼓舞；估计过高或过低，会促使学生反思自我。

因此，试卷估分除了能达到调动学生兴趣的效果，还能有意识地教会学生深度了解并把握自己的能力水平。

二 | 试卷讲评——注重思维培养

如何能够在讲评试卷的时候，真正做到帮助学生了解解题思路呢？

1. 归类分析，分配时间

当教师拿到一张试卷后，要先做分析：这张试卷上的题目，哪些是学生出错率高的，哪些是出错率低的。教师需要根据分析结果来分配讲评试卷的时间，从而把试卷讲评时间做到有的放矢，重点突出，详略得当。

2. 同伴比较，初明原因

教师要让学生与自己身边的"追赶人"进行比较："你和同伴之间，到底相差多少分？为什么他得了2分，而你得了1分？原因在哪里？"这个过程引导学生初步反思。而此时，教师的追问就显得格外重要。笔者的追问是这样进行的：

师：这道题，请大家比较自己和"追赶人"之间的差距。

生：我和王洪比较，她得了4分，我得了2分。

师：为什么会这样呢？

生：因为他答得更加仔细。

师：那你为什么没有答到他答的内容呢？

生：因为我审题不准确。

此时，学生的反思尚处于浅层次思维，还没有深入地去反思，因为深层次的反思需要复盘自己的答题思路。

3. 回顾思路，自制标准

当学生有了初步反思后，教师要让学生重新回顾一遍自己的答题思路，制定答题标准。答题标准的制定需要学生共同研制。而这个研制的过程就是学生重新体验、重新思考的过程。

学生在制定答题标准的时候，就是在不断回顾自己的思路、不断扩展自己思维的过程。笔者曾通过以下几个问题进行引导：（1）我的做题思路是什么；（2）根据题型，请制定一个答题标准；（3）请根据自己的答题标准，写一个自己的参考答案；（4）把自己制作的参考答案与考题本身的标准答案进行比较，分析差别在哪儿；（5）造成差别的原因是什么。上述几个问题都是在讨论中完成的，这种方式会让讨论变得真实而有效。

笔者抓住了学生思维的起点，在此基础上搭建了思维的台阶，顺着学生思维的方向，把思维引向了深度发展，实现了真正在试卷评讲课中，把学生的思维外显和思路内化，让深度学习真实地发生。具体教学场景如下。

师：阅读"消失的年声"，14题第（2）问，"为什么这两种年声的消失最让作者感到遗憾？"这道题应该怎么去思考？

生：我觉得先得审题。

师：然后呢？

生：找到答题范围。

生：我觉得应该抓住"这两种年声"和"遗憾"几个词。

师：接下来，我们自己制作一个标准，思考一下从哪些方面答题。

（生讨论后展示）

生：我们组认为应该从特点、作用、表达情感的角度去答。

生：我们组商量的是从氛围、象征意义的角度去答。

师：下面把你们制定的标准结合具体内容，写出一个自己的参考答案。

4. 对照答案，发现差距

学生自己制定出标准后，就算完成了自我思路的复盘。学生通过这个过程获得了学习的体验，此时，他们把学习变成了"追求理解的教学设计"。

接下来，需要将学生自己写的答案和考题的标准答案进行比对，这个过程是让学生通过找差距，来反思自己答案中的不足以及原因。本次反思不再是初次的粗浅反思，而是有自己深刻体验的反思。

师：同学们看看13题，问题是"文章叙述了哪两种消失的年声？"请大家把自己现在的答案和标准答案进行比较，看看有什么差别。

生：老师，我的少答了"卖金鱼的吆喝声"，我答成了"吉庆有余"。

师：为什么会少答这一点呢？为什么会答成"吉庆有余"？

生：老师，我发现了，我以为"吉庆有余"是第6段的总概括。

师：那你联系前后文思考了没有，这里的"吉庆有余"到底指什么？

生：老师，我现在才发现，原来"吉庆有余"是指有钱人家买珍贵的龙睛鱼，放在院子大鱼缸里；没钱的人家买一两条小金鱼，养在粗瓷大碗里。

师：可是，它不是"年声"啊！

生：是啊，所以我没有注意审题，也没有注意联系前后文。

生：还有一点，没有整体去思考，或者说没有思考全面。

为什么在教学过程中，很多知识学生记不住？这是因为他们没有亲自经历知识得来的过程。所以，对学生来说，标准答案是"死"的，是生疏的，而学生通过自我探究的历程，把过程转化为真实的感受，也就是经历了深度思考，知道了知识来源的前因后果后，才会真正发现自己思路中的问题。

三 | 试卷报告——注重思考落地

为了能让学生的思考落地，并把零散的思维系统化，我们还需要制作试卷分析。但是，如何避免学生在制作试卷分析时的浅层化和归类的不具体、不聚焦、不准确呢？

1. 讨论标准，兼顾大众

为什么笔者要反复说标准？因为标准是学生衡量自己产品的指标和方向。这个标准一定要避免让老师直接教授，应是学生自己讨论，并综合大多数人的意见后，制定出适用于大众的标准。

学生制定的标准，远远超出教师一个人思考后的结果，讨论环节真正变成因为需要而讨论。在这个过程中，笔者发现学生思维的广度超出了笔者的想象，他们不仅发挥了主动性，也收获了成就感。

在制定的过程中，标准由模糊走向具体，并经过不断地思考和实践后才逐步完善。所以，教师千万不要期待能一步到位。

2. 抓住关键，进行细化

在制定标准的过程中，特别要注意关键点。

第一，教师导向是关键。教师应给出标准的具体方向，比如，笔者给学生提出了具体的要求——请讨论：什么样的试卷分析才是好的试卷分析？"个性版的试卷分析"的内容是什么？制定试卷分析时需要注意什么？这些导向会使教学目标更加明确。

第二，教师提炼是关键。学生讨论的结果是零散的，需要教师进行提炼。比如，在制定"好的试卷分析标准"时，学生一会儿说要"卷面整洁"，一会儿说要"字迹工整""分类清晰"……教师可以把"卷面整洁""字迹工整"提炼分类为"卷面方面"，把"分类清晰"归纳为"逻辑方面"，最后总结出具体的几个方面：（1）卷面方面；（2）内容方面；（3）逻辑方面；（4）深入方面；（5）个性特色方面。

第三，抓住细节是关键。在探究的过程中，教师需要不断引导学生发散思维。比如，在讨论"试卷分析的内容"时，有的学生从宏观把握，表示可以"先一个题一个题地分析，然后分类分析，再错题分析，最后进行针对性训练"；有的学生关注自我，说出"需要考点""需要比较错误""错误的原因要分析""要分析当时心理""时间计划""下次目标"等。所以，细节是关键。

引导发散后，应注意深度，需要聚焦难点，纵向挖掘。比如，试卷分析的关键是"原因的分析"，我们可以聚焦学生的三个方面：（1）参考答案从何而来，我的答案的问题出在哪里。（2）我的思维障碍是什么。（3）我的改正策略是什么。这几个问题是找到自己出错的源头，并在此基础上引导学生走向"考场心理复原""自己能力欠缺"等方面。如此，才算把试卷分析真正做到向深度漫溯。

3. 制作报告，教师跟进

学生制作试卷分析，需要有个性化，但也要聚焦真实的问题。找到真实的问题，明晰问题产生的原因，可以就单一题目进行分析，可以就板块来分析，可以对错误进行分析，还可以对主题进行分析。

当学生制作完报告后，教师需要仔细审阅，这一步必不可少。比如，在学生做完试卷分析后，笔者会一一进行查看。在查看中，笔者发现了几个问题：有的学生分析不够深入，有的学生说了"正确的废话"——积累不够、审题不对、文章理解不透、下次多做几个题等。这样的分析，只是做了表面工作，对学生的帮助却没有。

对于学生试卷分析中指出的问题，教师只有在清晰了解后，才好对症下药，有的放矢，才能帮助学生突破难点，为提升学生整体思维和能力素养做铺垫。

4. 同伴分享，突破难点

试卷分析的目的是让学生真正能找准问题，明晰问题产生的原因，从而制定改进的策略，不断突破障碍点和思维难点。而试卷分析的难点是重建学生的答题思路和提升答题策略。这一难点如何突破呢？笔者带着学生进行了以下操作。

第一，同伴模范分享。笔者选了几个具有代表性的同学进行分享，分享从以下方面进行："设置栏目有哪些""设置这个栏目的原因""我是怎么分析的"。

当学生分享完毕后，笔者充当助教的角色，进行总结与补充："你们看，宜鑫的考点分析很到位，这儿写的是归纳文章的能力，他特别注意了分析自己的原因，尤其是心理过程，而这个心理过程就是找到自己问题的突破点。"

第二，同伴互比分享。笔者要求学生听了同伴的分享后，要和自己的试卷分析进行比较，找到差距以及自己应该怎么努力。比较后，大家更加明晰了自己的不足和改进方向。

第三，增加重建思路。有了分享、比较，还要突破难点，也就是重建答题思路和答题策略。笔者要求学生重新做试卷分析，并加上两个栏目："新思路"和"新策略"。

当然，试卷分析的完善不可能一蹴而就，需要不断在每次试卷分析中一步步去突破，慢慢形成整体思维，慢慢提升能力素养。

四 | 自制考卷——注重实践运用

如果说试卷讲评和试卷分析让学生有方向、有方法，那么，自制考卷就是让学生有落点。自制考卷是把前面的所悟所感全部进行迁移运用。

1. 明确考点，把握要求

在自制考卷之前，学生需要研究考点，研制标准。笔者让学生以组为单位，进行语文试卷考点的梳理，同时，研制了自制考卷的标准。

在讨论中，有的组交流了考点，有的组分析了出题中的注意事项，有的组表达了出题要求，如"题型完整，考点全面，不能有错题""考题要精心筛选，并结合近几年出题的趋势进行""考题不能拘泥于标准，要灵活"等。最后，大家一致总结出具体标准。

（1）原则：坚持原创的原则。

（2）要求：要符合学生心理规律，要符合大纲考试范围。

（3）要点：要注意考点，抓住重点，同时涉及难点。

（4）步骤：第一步，一起研制标准；第二步，分工合作，互相帮助；

第三步，根据考题，制作标准答案；第四步，互相磨题，完善提升。

2. 分工出题，指导提升

接下来，学生进行了分工合作，并在小组内继续分工：以中考题为蓝本，按照题型分配给组员。

教育家杜威提出的"从做中学"的教育理念，强调了"做"的重要性。所以，在"做"的过程中，学生自发地准备资料，琢磨题型，分析教材，最后把题目出出来。有的学生为了出题，乐此不疲，反复验证自己的答案。这个过程充分调动了学生的内在积极性。

3. 打磨试题，打磨答案

试卷初稿完成后，需要教师给予关键指导，将题目出得更有价值。笔者先让学生分享出题过程，自己在旁边提炼总结。下面以第一题"字音"为例。

出示题：

下列画线部分的字的注音正确的是（　　）。

A 归省（xǐng）　　冗（rǒng）杂　　剽（piáo）窃　　暮（mù）然

B 斡（wò）旋　　活塞（sāi）　　溺（nì）炕　　族姊（zǐ）

C 农（lóng）谚　　簌簌（sù）　　淋（líng）漓　　骤雨（zhòu）

D 恐吓（hè）　　褪（tuì）色　　陨（yǔn）石　　漂（piāo）移

师：请李润同学分享一下第一题的出题过程。

生：我首先想到，这道题考的是字音。

师：哦，第一步，抓考点。（板书：抓考点）

生：然后，我把资料书、语文书拿出来，开始查找。

师：你找的范围是哪儿？

生：我们学习有半个学期了，所以我先从一到三单元的"读读写写"开始，然后把范围缩小，根据中考要求，锁定了"表二"中的字词。

师：第二步，明范围。（板书：明范围）

生：后来，我就开始观察这几个字词。我发现"省"字是多音字，容易出错;"冗"字容易写成二声,考察的是二声和三声的区别;"剽"字容易读错为 biáo,形声字容易出错。

师:我们的李润同学做得很到位啊,他把这个知识点和考试重点一一进行了分析。(板书:清重点)

生:然后我开始组合题目,思考题干怎么出。还要考虑题的内容能不能经得住推敲。

师:要琢磨题的内容和题干是否正确。(板书:细推敲)

生:最后,我做了标准答案。我发现标准答案很重要,而且把我的思路又缕了一遍。

师:是啊,做标准的过程就是把自己的出题思路梳理得更清晰的过程。(板书:做答案)

师:同学们,我们待会磨题和做答案的时候,需要从这些方面入手——第一步,抓考点;第二步,明范围;第三步,清重点;第四步,细推敲;第五步,做答案。

因为有了指导方向,学生在小组磨题和做答案方面已经找到了感觉,并且,大家把打磨变成一种乐趣,有的同学中午都不愿意休息,反复打磨,乐此不疲。

打磨答案是综合能力提升的过程。不断地思考答案的准确性,不断地思考答案的全面性,不断地注意答案分值分配的合理性,这个不断精进的过程,也是提升学生整体建构能力的关键。

4. 考题选择,进行考试

每个组进行小组试题展示,并推选出最优秀的试卷作为本次考试的测试试卷。幸运的出题小组也会成为本次考试的评卷人。被选上的小组成员获得满满的成就感,他们还会作为监考官和讲评人,为大家解答试卷上的问题。正如孩子们所说:"手上拿着沉甸甸的卷子,那上面打印的是我们小组出的题,我的心里像是被灌满了糖,整个人像被泡在蜜罐里似的,情不自禁地生发一种满足感。心里被填得鼓鼓的,那是一种对自己成果的认可。

那几天，我感觉走路的时候脚步都轻快了许多，整个人像是要飞到天上似的。每天，我的嘴角都是压抑不住的弧度。"这样的成就感已经成为增加学生学习兴趣的原动力。

5. 批改试卷，讲评试卷

当考卷完成后，出题组会根据自己小组出题分工的情况，确定阅卷分工。阅卷的过程也是发现自己出题是否恰当、难度是否适合的过程。所以，阅卷也是不断促进出题人反思的过程。

考试之后，出题人还要讲评试卷。在讲评的过程中，出题人也会认真审视自己所出的题和标准答案。比如，当出题人在评讲时，有学生提出："我听了你的答案后，发现你的这个问法有歧义。文章提问'植物的作用是什么'，会让我疑问是在问'植物本身的作用'还是问'它对人类的作用'？"有的学生会提出："我个人觉得，你的这个答案有问题……"这种由问题到议题，由评论到辩论的过程，会让学生的思维不断提升，不断完善，不断走向系统思维。

试卷由开始的老师讲评，最后走向学生运用，真正实现了从学走向教的过程，提升了学生的整体建构能力。同时，同伴之间增加了彼此不断精进的动力，起到了互相促进的作用。

综上所述，试卷讲评明晰了"我是谁，要到哪里去，怎么去"的逻辑，也就是以内容、方法、路径为抓手。"试卷分析"让学生明白了自己的障碍点和思路的局限；"考卷自制"就是亲身实践、亲自体验。"试卷讲评"的迁移运用是一个螺旋上升的过程，这个过程始终围绕"标准"这一核心进行，让标准成为试卷讲评这一教学活动的风向标和衡量学生的尺码。从研究标准到研制标准，再到运用标准的过程，就是学生不断成长的过程。

杜威曾说："教学绝对不仅仅是简单地告诉，教学应该是一种过程的经历，一种体验，一种感悟。"而试卷讲评正是尊重学生、遵循规律、彰显深度学习的过程。

思辨养成：
进阶提问提升学生学习品质

笔者曾和七位同伴一起走进怒江州的贡山县，成为一名光荣的支教老师。笔者在贡山一中除了指导教研，还担任教学工作。在贡山一中跟孩子们接触了一段时间后，笔者发现他们身上有"三优长"（向真、向善、向高）和"三薄弱"（基础薄弱、习惯薄弱、意志薄弱）。这里的孩子很希望通过努力学习不断提升自己，但一到课堂上，在一个又一个的困难面前，他们又束手无策，难有突破。基于学生的特点，笔者以语文课堂为突破口，着力激活他们的学习意识，培养他们的学习习惯，锤炼他们的学习品质，让他们爱上学习、爱上思考、爱上探究。学生在发现问题、质疑问题、解决问题中形成了一定的能力，收获了成长。

一 | 当学生不知如何提问时——用机制打开学生的嘴

课堂上，学生长期采用接受式的学习方式，缺少提问的意识，于是，笔者鼓励学生说出自己的想法，大胆提问题。起初，有学生苦恼地说："老师，我提不出问题。"有的学生怕提的问题不好而放弃。面对这种状况，笔者尝试用小组合作的方式作为突破手段。第一步，借助集体任务机制，合作提问。笔者将学生分成若干组，让他们自己推选小组长，每个小组还制定了"组规"。看着学生的改变，笔者给每个小组布置了任务——每个人至少要提出一个问题。有了任务驱动和集体监督的机制，慢慢地，学生的嘴被打开了。第二步，借助小组呈现机制，展现提问。集体提问后，再以小组的形式，把问题书写到黑板上。展示问题，既是一个敢于直面自己的过程，也是展示小组成果的方式。当笔者要求把问题呈现出来的时候，大家提问的态度更趋于认真化。第三步，借助责任共担机制，激励提问。小组成员要责任共担：小组内只要有一人提问，每人都可获得 5 分，若无人提问，每人都要扣 5 分。这种机制提高了学生提问的积极性。第四步，借助小组竞争机制，主动提问。笔者将每个组提问的数折算成分数，汇聚后评选出"精英小组"，并鼓励互相挑战，形成"你追我赶"的提问态势，增强了学生提问的主动性。

因为以上机制，问问题的同学积极提问，回答问题的同学也积极应对，课堂氛围空前高涨。更重要的是，这种方式使学生学习的方式发生了变化，积极性和主动性更高了。

二 ｜ 当学生问答不顺畅时——用标准助力学生思考

当学生敢于提出问题后，笔者开始尝试提高他们问问题的质量，逐步培养他们理答问题的习惯。但这个过程却异常艰难。因为学生基础相对薄弱，为了完成任务，他们提出的问题很凌乱，甚至有些信口开河，缺少提问的针对性和必要的研讨价值。

如何才能让学生提出与课堂有关的问题？如何才能把问题提得有价值？经过长时间的思考，在北京市海淀区进修学校的赵杰志副校长的指导下，笔者最终确定了"用标准助力学生思考"的策略。笔者和学生一起制定了"问题等级鉴定标准"。具体标准是：A级——和本堂课重难点非常贴切，能问出值得思考和探究的问题；B级——和本堂课重难点贴切，能问出便于理解和分析的问题；C级——和本堂课重难点相关，能问出便于疏通文义的问题。在之后的课堂上，学生运用"问题等级鉴定标准"，有意识地评估自己的问题，提问的质量明显得到提高。

提出问题后还需要高质量地回答问题。于是，笔者和学生又一起制定了

"答题等级鉴定标准"。具体标准是：A 级——回答问题时能结合文章内容，分析有条理性，有一定深度；B 级——回答问题时能联系文章上下文，分析有依据和顺序；C 级——回答问题时能结合文章原文答题，词语或句子选用准确，与提问相关。有了"答题等级鉴定标准"，学生懂得根据自己回答问题的实际情况，慢慢去关注文本，关注文本的内在联系，关注怎样更清晰、更准确、更连贯地阐述自己的观点，学生思维开始有了阶梯化递增的成长。

三 ｜ 当学生遭遇障碍点时——用提点帮助学生建构

随着课堂越来越活跃，学生也越来越自信。但笔者发现学生又遇到了新的问题：提不出有一定思维含量的问题，不知如何总结学习的规律，不了解怎样将学到的知识进一步迁移运用。按照学生的认知规律，学习知识就是一个先理解，再内化，再迁移的过程。当学生遇到障碍点确实难以破解的时候，老师的有效提点会让学生学习更加深入。

于是，笔者和学生开启了新的学习进程。

1. 教师追问

学生提不出有一定思维含量的问题，和学生解读文本不细致、思考不深入有直接关系。培养深度思考的习惯非一日之功。笔者尝试用口头表达迁移到书面表达的方式，不断培养学生深度思考的习惯。这期间，笔者不仅要设计、分析、调控，更要发挥积极的引领作用，让学生从思维障碍中跳出来，借助科学的解析方法，让自己的思维连通起来。引导学生思考走向深度，需要老师的牵引、点拨。

下面是笔者执教《赫耳墨斯和雕像者》一课的教学片段：

师：故事中的三问三答能不能调换？为什么？

生：不能调换。因为前两次和第三次形成了对比，从而造成一种反差，更突出了赫耳墨斯爱慕虚荣、自高自大的形象，有很强的讽刺性。

师：你是怎么答出来的？你的依据是什么？

生：我根据文中的三问三答。第一次是问宙斯的雕像"值多少钱"，雕像者回答"一个银元"。第二次问"赫拉的雕像值多少钱"，雕像者说"还要贵一点儿。"本来以为接下来，他的雕像价格会更高。可在第三次问"这个值多少钱"后，得到的回答是"假如你买了那两个，这个算提添头，白送"。

师：这三问三答之间的联系是什么？

生：课文前面两问两答让赫耳墨斯认为自己是最贵的，没有想到却是最便宜的。

师：我们该如何来分析呢？

生：前面两个都是铺垫，后面一个出乎意料，形成了对比，从而更具有讽刺效果，更能突出赫耳墨斯的爱慕虚荣、自高自大的样子。

师：你是怎么做的？

生：必须读懂原文。

2. 教师示范

引导深度思考后，还不会总结答题规律，怎么办？这时，老师示范的作用就显得尤为重要。于是，笔者利用高阶能力训练的方式，进行了一个由提问到阅读的迁移训练。

笔者先给出题型，并按以下步骤引导：读懂文章，感知内容主题；认真审题，抓住关键信息；联系前后，明晰答题区域；规范答题，注重全面连贯。笔者示范之后，让学生依葫芦画瓢做了一次，同时学生把答案复述了一遍，又书写了一遍，最后通过布置作业，进行迁移训练。从问问题到答题规范的整个过程也就一贯到底了。

通过不断探索，笔者发现学生实现了从被动提问到主动提问、从被动思考到主动思考、从片段化研习到整体性研习的转变，在一问一答、边问边答、精问精答中，不断实现语文学习的飞跃。

通过培养学生提问的能力，逐步培养学生主动学习的能力，让学生把学习当作自己的事，如此，主动学习，就不再是难事。

四 | 案例反思——用复盘助力自我提升

本案例实施后,笔者也在不断地反思。回想走过的旅程,笔者用提问作为路径,最后实现学生由被动的接受式学习到主动的探究性学习,不断加深学生对语文学习的理解,逐步把贡山一中的学生引向学习的另一种体验、另一种方式。在这一过程中,应该注意哪些呢?

1. 按需施教

首先必须借助充分的调研,了解学生需要什么。在充分研讨的基础上,还要精心设计,如给学生什么,用什么方式给。我们必须转换身份,我们不是指挥者、操控者,应该是合作者、陪伴者,在学生成长的道路上,给予他们勇气、信心和力量。贴着学生的心走是首要条件。

2. 系统设计

本案例中,笔者从同伴环境入手,调动学生内驱力,打开了学生的嘴;到建立标准,引发深度思考,逐步促进思维进阶;到后来根据学生障碍点,进行追问、点拨、示范,实现了学生学会提问、学会回答、学会质疑、学会辨析、学会提炼、学会联系的能力提升。这一系统设计是由关联到融合,再到耦合的螺旋上升,符合学生的身心发展规律和认知规律。

3. 建立标准

"标准"是本案例的关键词。整个案例实施中,笔者始终坚持眼中有方向,眼中有标准,眼中有学生。所以,每一步都走得扎实,整个过程注重了师生的融合,实现了科学的发展。在交流中,笔者看到了学生的进步和自信,更看到了学生逐步从发现问题到探究问题,并逐步延展到理解反思和总结提炼,学生的能力呈现进阶状态,他们用越来越优秀的表现实现着他们自身的发展。

第三辑

立足课堂潜心修炼

课堂改革：
以学生为主体的课堂方略
——以《范进中举》为例

随着"双减"政策的落地，教师更应该注重学生的学习效率。以前，课堂主要以教师的教为主，学生成了被动的接受者和知识的灌输对象。这样下来，教师费力，学生学习低效。如何实现课堂的有效化呢？这需要从教走向学，设计以学生为主体的学习活动。下面以《范进中举》为例进行说明。

一 | 全员复述——熟悉故事情节

《范进中举》一文较长。初三学生学习任务较重，很有可能预习不到位，蜻蜓点水式的预习方式可能占比较多。如何让预习落到实处？

复述课文是一个不错的方法。复述的方式为全员复述。

1. 制定标准

复述需要有标准，否则会流于形式。复述的标准从以下方面思考：（1）故事情节完整，包括小说的开端、发展、高潮、结局。（2）复述的环境描写要留下与文章非常重要的部分。（3）复述的人物形象需要把能体现人物性格的语言、动作、神态等重要描写保留下来。（4）复述时要保留原文的韵味，如保留能体现原文韵味和主题的句子。有了一定的标准，复述也就变得有标可依，有尺可衡了。

2. 全员复述

全员复述，人数较多，但是却需要落实到位。如何落实呢？

（1）人人参与原则。每个组员在组内进行复述，并且人人参与，最后选出最优秀的同学。（2）学习同伴效应。把最优秀的同伴的复述再复述一遍。这样做的目的是向同伴学习的同时，进行了再消化，而且在再次复述中进行比对。（3）跟进比较鉴别。把自己与同伴的复述进行比较，并总结出同伴的优点以及差距。（4）改进提升策略。给自己提出改进提升的策略，并重新复述一遍，真正把复述的作用发挥出来。

二 | 剧本表演——关注文本细节

对文本进行精细的复述后，学生对课文情节也就有了初步的印象。接着，需要关注文本中的细节之处。如何实现以学生为中心，将活动落实到位呢？

1. 书写剧本，关注规范

写剧本之前，教师要先告知学生剧本的规范和写剧本的基本知识。根据故事情节，小组内部开始分工合作，然后内部进行反复修改。此阶段的任务是关注剧本的规范。

2. 排练剧本，注重体验

写完剧本后，小组内部分好角色进行排练。此时，学生在排练的时候，就要揣摩人物的性格、心理。这个体验在教学上无法代替，但在排练过程中能自然生成。

3. 剧本演出，注重细节

学生进行演出时，教师引导关注细节差异。比如，学生在表演范进中举前后的情形，教师要有意识地引导学生关注胡屠户的变化，如关注其说话的态度，对嫁女的解释，对相貌的评价，对范进才学的评价，对范进是否考中的语言表述一一进行比对，尤其对范进中举前后态度的变化进行对比分析。在表演和比对中,学生既关注了文本细节,也对文本有更加深入的理解。

4. 评价演出,注重提升

在剧本演出环节,笔者让学生通过一边表演一边评价的方式,增加对文本的理解。笔者让同一个"演员"表演两个不同情节,进行对比,让全班同学来评述;又让不同的"演员"表演同一个情节,然后全班同学进行评述。

比如,在演"范进发疯"情节时,让学生反复品味语言的差异,如"噫!好了!我中了!""噫!好!我中了!";在动作赏析上,反复演出几个相似的动作,并不断揣摩相似动作之间的差异,如第一次"看了一遍,又念一遍,自己把两手拍了一下,笑了一声",第二次"爬将起来,又拍着手大笑",第三次"一脚踹在塘里,挣起来,头发都跌散了""拍着笑着"。对这样的细节一边表演,一边体会,学生在表演中走向文本深处。然后选出优秀的演员进行巡回演出。把表演和文本内容结合起来,真正地用表演来提升学生对文本的感受。

经过多轮次表演,学生对文本的理解已经不再是浅层次的理解和思考,而是慢慢地走向深度学习。

三 | 小组探究——发现文本精髓

对文本的细节熟悉了,并对文本有了自己的理解之后,学生还要建立文本与读者之间深刻的联系。此时,如何引导学生在探究人物性格的时候,懂得结合文本细节进行深入品析?这需要搭建三个台阶才能层层递进,才能把活动走向深入。

1. 自己梳理

每一个学生先对人物的语言、动作、神态进行分类梳理,在梳理中逐步鉴赏文中人物的性格特点。这样做既让思路有了条理,也实现了对文本的再次全面梳理，为后面立体解读文本做铺垫。在梳理的过程中，学生对人物的性格便有了初步的认知——范进的见风使舵，为人虚伪，中举前唯唯诺诺、逆来顺受，中举后世故圆滑；胡屠户尖酸刻薄，粗鲁，迷信，贪财虚伪。此时的鉴赏品味尚停留在表层。

2. 集体提问

小组探究时，需要小组内部互相提问，互相解答。

实际上，在提问中，学生就是在向文本的深处出发，同时，互相解答也是互相探讨的过程。在这个过程中，有的学生会发现："胡屠户那么瞧不起范进，为什么还把女儿嫁给他？"有的学生会发出疑问："范进到底是真疯还是假疯？"还有的学生会问："为什么他要走到集市去，而且是走？"在这样的提问中，学生慢慢揭开文本深处的奥妙。

3. 教师点拨

作为老师，笔者向学生出示了一些鉴赏人物性格的文章，包括站在读者的角度鉴赏、站在作者的角度鉴赏、站在时代背景的角度鉴赏以及拥有独特的阅读感悟。这些文章是在纵向延展学生的思维。

因为有了这些台阶，有的学生开始以"范进的悲剧"为主题写鉴赏文，有的学生围绕"封建社会的悲丑"来写，有的学生围绕"在范进的身上看到了自己"来写，再一次把文章的理解向深处漫溯。

四 ｜ 比较阅读——形成辩证思维

书写了鉴赏文后，笔者让学生把《孔乙己》与《范进中举》两篇文章进行比较阅读。这个过程是为了形成辩证思维。

1. 比较异同

笔者先给学生一个整体框架，以让学生更容易形成系统思维，避免一叶障目的情况出现。主要从以下角度进行梳理。（1）故事情节：从两个人出场、发展、高潮、结局进行比较。（2）人物形象：从人物的语言描写、动作描写、心理描写、肖像描写等角度比较。（3）环境描写：从当时的时代背景、社会风气、身边的氛围、身边的人进行比较。（4）写法比较：从两篇文章的表现手法进行比较。

2. 交流碰撞

学生对自己的发现进行交流，如有学生谈到孔乙己生活的时代是半殖民地半封建社会，应该有一些就业机会，但他却饿死了；范进生活在明代，那个时候科举应该比较公平。大家把文本解读得更加丰盈，也形成了立体的思维。

3. 辩论比赛

一个学生的辩证思维尤其重要，所以，我们举行了以"我更欣赏范进"或"我更欣赏孔乙己"为辩题的辩论比赛。

在辩论中，学生学会了辩证地看问题。有的学生甚至提出了"范进真的就没有值得我们学习的地方吗""封建科举制度都是坏的吗"等观点，并对其进行了深度地辩证，促使学生自发地查找资料进行解读。

五 ｜ 主题研究——拓展文本宽度

学生对文本的理解有了自己的建构后，便需要对主题进行深度研究，并不断拓展文本的宽度，于是有了主题研究。

1. 确定主题

经过综合思考，我们集体确定一个探究主题——"封建读书人的悲喜人生"。这个主题既有深度，也有开放性，同时也是学生感兴趣的问题，所以探究时学生们兴致盎然。

2. 查找资料

学生根据中心主题确定具体的研究方向，通过查资料进行解读，从而得到最终的研究成果。比如，有的学生确定的具体方向是"科举制度的探究"，有的学生查阅了"八股文知识"，有的学生查找了时代背景，有的学生查找了作者的生平故事。

这个环节既丰富了学生的认知，也延伸了学生的深度思考。

3. 总结提炼

学生把自己查找的资料进行自我消化，自我解读，最后办一个以"封建读书人的悲喜人生"为主题的专栏，形成自己的成果。

4. 交流展示

交流展示环节，有学生谈"范进的悲喜人生"，有学生谈"封建的读书人"，有学生围绕《儒林外史》里的读书人谈自己的见解，大家热情高涨，成果丰富多彩。

这一系列活动，点燃了学生的学习热情，开阔了学生的学习广度。活动之后，有的学生继续进行整本书阅读，有的继续进行主题研究，都实现了项目式学习的深层次的效果。这就是以学生为主体所要达到的效果！

以学生为主体的学习活动让教师由教走向学，这个活动以任务作为驱动，促使学生由原来的被动学习变得主动思考，变教为学。整个学习过程也比以前更具有活力，更有实效，更有深度，成果更丰厚！

课堂效果:
让趣味性与实效性并存

在语文教学中,我们总是在追求学生对语文的兴趣,比如,教师精心设计的"导入",色彩鲜艳的"多媒体",激发情趣的提问,组织丰富多彩的班级活动,可谓是"煞费心思"。

但是,如果教师没有让学生真正回到文本中,走向文本深处,也许,那些为提升兴趣而采取的手段或措施,只是暂时吸引了学生的注意力,并未产生实质变化。而真正有效的做法是,能够让学生在精妙的活动中体会文本的妙处,体会文本的艺术价值,从而使学生真正理解文化的内涵和语言的韵味。

为了提高学生的兴趣,笔者对《故乡》一文设计了三个教学片段:将小说的环境描写与诗歌结合,将小说的人物形象与图画结合,将小说的主题与对联结合。

一 | 变丰为简——环境描写与诗歌结合

在执教《故乡》开头的环境描写前,笔者将《天净沙·秋思》的意境与故乡的意境相结合,让学生体会了作者回家时的心境,并学会了写诗。

师:请大家找一下《故乡》里回家时候的环境描写有哪些。

生:(读)时候既然是深冬;渐近故乡时,天气又阴晦了,冷风吹进船舱中，呜呜的响，从篷隙向外一望，苍黄的天底下，远近横着几个萧索的荒村，没有一些活气。我的心禁不住悲凉起来了。

师：具体分析下回乡时写了哪些事物？

生：天气阴晦，深冬，冷风，船舱，萧索的荒村。

师：注意其中的修饰词。

生：老师，你说的是深冬的"深"这种吧？

师：对，那你体会一下其中的感情。

生：天气用了"阴晦"，风是"冷"的。

生：村子不仅"荒"，而且是"萧索"的，还是"横着"的。

师：请再仔细体会一下吧。

生：这些词给大家的感觉都是冷的吧，而且有一种冷清、萧索、荒凉的感觉。

师：再看看"我"的心情如何？

生：悲凉。反正不高兴。

生：老师，还有一处："瓦楞上许多枯草的断茎当风抖着"。

师：我怎么觉得有点像"枯藤老树昏鸦"呀！

生：是有点。

师：那我们试着把这句改成和它一样结构的三个词语。

生：瓦楞、断茎、冷风。

师：大家看，几个词语就能反映一组画面，同时也能反映人物的心情。今天我们试着把《故乡》里的环境描写凝练成诗吧！

学生作品

作品一：

天晦冷风瑟瑟吹
篷隙苍黄萧索村
枯草断茎当风抖
何初落寞照我身

作品二：

    黑夜晦暗晚风
    枯树干草野火
    黄昏青山深黛
    寒风夜伴苦人

作品三：

    荒村萧索远近横
    瓦楞枯草当风抖
    青山深黛黄昏中
    明月何时照我还

自我评价：在这个环节中，笔者主要是引导学生在欣赏环境描写的时候，学会与诗歌联系，并书写诗歌，在写的过程中，自己体会作者的心情。这样，既能够让学生自主地了解环境描写，也让学生体会到环境描写与人物的心情有着密切的关系。

此时的理解尚是肤浅的，待我们分析完人物的性格和主题思想后，再回过头来理解作者的心境，再深度解读也不晚。如果此时就介绍时代背景，势必让学生对鲁迅的文章产生晦涩感。所以，留点新鲜感给学生，也是很有必要的。

二 | 化曲为直——人物形象与图画结合

在教学闰土和杨二嫂的外貌描写时，笔者首先布置了预习作业，让学生画原来的闰土和现在的闰土、曾经年轻漂亮的杨二嫂和如今尖酸刻薄的杨二嫂四幅画。然后教学时，让大家互相评价画的优点和缺点。

教学"闰土"时的教学片段如下：

师：同学们，让我们一起评价一下你们的画吧。

生：王仁画的少年闰土是画了圆脑袋，老年有烟袋。

师：对，少年闰土是带着钢叉的，老年闰土是带着烟管的。为什么拿的东西不一样呢？

生：因为小时候爱玩，长大了，更辛苦了，心里很苦。

生：我看电视里的人只要有谁很不高兴，就会用抽烟的方式。

生：俗话说"借酒消愁愁更愁"，便是这样的吧。

生：应该是"借烟消愁愁更愁"。

师：有道理，这是在拿东西上面大家看出了画上的不同。我们继续再来看看其他人的。

生：老师，他画的少年闰土和老年闰土的衣服上怎么都印着"福"字呢？怎么像一个地主呢？

师：这样合适吗？

生：不行。少年的时候可以穿得好一些，到了中年应该是很单薄的衣服，因为没有钱，家里有那么多的孩子。

生：老师，明聪把少年闰土画得大大的，眼睛有神，老年闰土画的眼睛睁不开，可能是不自信吧，低眉顺眼的。（生大笑）

生：刘强画的少年闰土看上去很活泼，嘴巴也在笑，老年闰土却充满了哀伤、惆怅。

师：同学们还和神情联系起来了。

生：老师，我发现他们没有把手的变化画出来。

师：是吗？你觉得应该怎么画？

生：少年闰土应该是红活圆实的，中年时像松树皮。

师：对了，手能反映什么呢？

生：少年闰土的手是来捕鸟的，捡贝壳的，捉猹的，而且家里也要富裕些。而中年的时候干了很多农活，并且在生活的重压下，应该更艰苦。

师：通过你们刚才的发言，我们总结一下，画画和写文章是一样的，都要注意人物的性格，并需要用细节来展示。

生：你说的是不仅要注意外形，还要注意神似吧。

在教学"杨二嫂"时，有这样的一个细节：

生：老师，王月同学画的年轻时候的杨二嫂很美，老年时的却画得动作很夸张。

师：怎么个夸张法？

生：两只手插在髀间。

生：我觉得他这幅画怎么画得不知男女？头发都长成一团了。

师：你认为怎么表现比较合适？

生：年轻时候应该头发很长，穿得很时尚。老年时应该把衣服画得旧一些，因为后来的杨二嫂更穷了。

师：还有呢？

生：年轻时候脸上应该擦白粉，白如豆腐；表情应该很文静。

生：还应该是规规矩矩地坐着的。老年时的重点应该是表情，是鄙夷的，嘴角向下的，特别是手的动作，是放在大腿两边的，脚应该是一个圆规形状。

生：还应该是一双小脚，这样才能把"圆规"表现出来。

生：还有嘴唇很薄，高颧骨，很瘦。

生：要突出她尖酸刻薄的样子。

自我评价：在教学这个环节时笔者运用了画画的方式，让课堂显得有生机，但在解读的时候，如果只浮在表层，那么课堂只剩下了热闹，最后还是一场空。只有真正引导到人物性格上，才算引向文本。

笔者让学生提前画画，在没有老师的引导下，各自描绘出自己头脑中的闰土和杨二嫂的形象，最后画出来的图也不尽相同。这样，在课堂上共同交流碰撞时，课堂就会显得生机盎然，有生命力和温度。特别是一些粗心的学生，有一些细节没有在画中展示出来，更能在课堂的讨论中，由表面深入到事物的本质。慢慢地，在讨论中，课堂的厚度和趣味性也在增强。

三 | 化隐为显——主题与对联联系

在讲完文章，分析了当时的时代背景和文章的主题后，为了强化学生对主题的认识和理解，笔者设置了根据《故乡》的内容写对联的活动。

师：同学们，老师给大家写一副对联的上联，请大家和老师对一下。"善良淳朴愚昧麻木老闰土"，下面请大家对一句有关杨二嫂的。

生："善良淳朴"对"自私自利"吧。

生：这样能对吗？一个是成语，一个是两个词。

师：那怎么对好些呢？

生：尖酸刻薄。

师：这个还行。

生："愚昧麻木"对"自私小气"。

生："小气"还不能反映杨二嫂的性格，用"贪婪"会更进一层。

师：那后面呢？

生："老闰土"对"杨二嫂"。

师："老"和"杨"能对上吗？一个是形容词，一个是名词。

生：也对"老二嫂"吧！

师：最好想一个能体现特征的词。

师：联系外貌。

生："丑"二嫂？

师：成交。（板书：善良淳朴愚昧麻木老闰土　尖酸刻薄自私贪婪丑二嫂）

师：初次写对联，我们从刚才的分析中可以总结一点关于对联的要求吗？

生：对联要求字数一致。

生：词性一致。

师：我们刚才为一个"丑"字讨论了好一会儿呢！

生：对联还要学会炼字。

师：接下来，我们根据《故乡》的自选内容写对联。

学生作品

    阴晦天萧索村悲凉心
    枯黄草断腰茎故乡情

    蓝天和圆月亲友良实
    萧索又荒村物是人非

  自我评价：将对联与主题结合，让学生对对联，这是课堂上呈现的又一个高潮，因为，这是一个由分析到综合的整合过程，在加深学生对文章主题理解的基础上，也让学生学会了精字、炼字，特别是学会咬文嚼字，这在语文科目上，有着非常重要的作用。

  如何让语文课的趣味性更有实效性，考验了教师钻研教材和把握教材、把握学生、知晓学情的能力。只要教师能做到不让思维停步，不停地学习，不断地思考，让学生带着消闲的心态去阅读，并在此过程中得到美的享受，相信语文课堂会变得更加熠熠生辉。

课堂改进：
给学生自主探究的舞台

学生自主探究是提升学生学习能力的有效途径，也是当今教学改革的需要。其核心是提高学生的课堂参与度，引导学生自主进行发现问题、探究问题、解决问题，从而达到培养学生核心素养的目的。但是自主探究能力的培养不是一蹴而就的，而是一个辗转的过程，甚至可以说是千回百转。

笔者在执教《傅雷家书》时，就遭遇了滑铁卢。

一 | 问题呈现——自主探究遇到滑铁卢

笔者最初的设想是，以学生自己感悟句子为抓手，以生命发展为目的，让学生懂得如何处理挫折，学会面对人生的苦难，从而让学生真正做到面对困难时，能泰然若之。

然而，预设很美好，实际教学过程中，在理解了课文后，让学生自主探究的时候，却让笔者大失所望。

师：请同学们找出一句能感动你的句子，并分析感动你的原因？

（过了片刻）

师：李洁。

生：老师，我还没想好。

师：那老师另外找一位同学！

（生埋头不语）

师：许家。（这位学生基础较好）

生：（读）人一辈子都在高潮——低潮中浮沉，惟有庸碌的人，生活才如死水一般；或者要有极高的修养，方能廓然无累。

师：你谈谈为什么打动你呢？

生：老师，我谈不出来。

师：你就结合文章的内容或自己的实际，或者是某一点修辞。

生：人一辈子不可能总是平坦的，除非这个人没有追求。

师：还有没有其他同学谈谈，张攀。

生：老师，我和他的一样。

师：但感想应该是不同的，随便说点都行。

生：老师，我不懂"修养极高"是怎么回事，我谈不出来。

二 | 反思问题——找到障碍方能突破

这堂课就如老牛拉破车，在学生模糊的和不愿意回答的过程中蹉跎时间。所以，一堂课下来，学生累，老师也累。整堂课压抑而又低效，学生没有进入探究状态，并且浪费了一定的时间。笔者通过初步反思总结了出现这种情况的原因。

1. 自主探究前期工作不到位

学生接触文本的时间太短，笔者也没有给学生充分的时间去阅读课文，在预习环节花的时间太少。因此，马上要求他们回答具有挑战性的问题，显然是在为难他们。另外，在自主探究的时候没有给学生充分的时间去思考，致使探究变成了一个形式。我们关注的是学生在短期内能否探究出结论，却没有尊重学生的实际情况。

2. 学生缺乏自主探究的信心

因为学生的学习能力、学习需要、学习优势各自不同，有的学生缺乏自主探究的信心，在他们独立思考的时候，又非常在乎老师和同学对他的评价，导致学生不想回答，也不敢回答心中没有把握的问题，担心会引来老师的质疑和同学的嘲笑。所以，学生宁愿用"和他的一样"的方式来回绝老师，目的是保护自己的自尊。

3. 营造自主探究氛围不够

课堂上没有营造开放、宽松、愉悦、敢于质疑的课堂气氛，让学生在上课的时候不敢回答，甚至出现"你不回答，我也不回答，老师越追问越不敢回答"的现象，最终使课堂氛围越紧张。所以，作为老师，应该营造开放、自由、宽松、快乐的课堂氛围，让学生能轻松参与，快乐探究，从而激发自主探究的乐趣。

三 | 深度思考——找到问题的根本

初步反思之后，笔者继续深入思考：自主探究在课堂上无法开展的根本原因是什么？

学生是课堂的主体，他们富有生命活力，个性鲜明，他们应思维活跃，反应敏捷。作为教师，在关注学生生命发展的过程中，对学情要敏于观察，善于思考。

课堂上，如果只是老师发问，学生回答，有时候甚至越俎代庖，会导致学生只能跟随老师的思路，复制老师讲授的内容，导致学生亦步亦趋、囫囵吞枣，甚至会降低学习的主动性、自主性和创造性，这样的学生会越来越依赖老师。

作为老师，也许我们因担心学生不懂得思考而变得不敢放手，甚至一直让学生跟着自己的思路前进。慢慢地，学生会变得中规中矩，不想思考，不愿思考，不敢思考。久而久之，学生思想的开阔性、灵敏性、独特性、深刻性就会消失殆尽。越是不敢放手，越会效率低下。在思想的探险里，墨守成规，只会一无所获。只有敢于放手，相信学生的能力，给学生主动发展的机会，给学生展示自我的舞台，才会唤醒学生的自主性。也许这个过程会占用课堂时间，甚至在开始阶段会影响我们的教学进度，但从长远发展来看，这样做定能让我们看见心驰神往的神秘花园。

四 ｜ 改进策略——改进方法方能突围

1. 关注学生的经验和兴趣

在探究初期，把学生的需要和认知放在第一位，以学生为中心，才能为自主探究插上前进的翅膀。学生基础薄弱，但是读书是没有问题的，那就多读文章。"读书百遍，其义自见"，多读几遍书，学生对课文内容会有更深刻的理解。学生对课文的熟悉度越高，理解文章的空间就越大。

2. 尊重学生的认知规律

尊重学生，让学生从自己对世界的感受和思考来解读文章，调动学生已有的情感经验和生活认识来感受文本，尊重他们已有的经验，逐步深入文本和作者，也许这样的探究会更有价值。

3. 在合作学习中解决障碍

俗话说，"三个臭皮匠，赛过诸葛亮"。集体的智慧是巨大的。遇到障碍点，给学生留有充足的时间和空间，开展共同探究、互帮互助的小组合作学习，让他们在互相交流中碰撞出思维的火花，在交流中反思。每个人都有任务，每个人都是学习的主人，激发学生学习的兴趣，才能焕发课堂的生命力。交流能增加思维的广度，延伸思维的深度。

4. 运用竞争评估机制

有时候学生自主探究的动力可以在竞争中激发，所以，我们可以增加竞争机制，小组评分，并以鼓励为主，赞赏学生探究的勇气和探究的行为，并随时强化，这样能大大激发学生的学习热情。

五 | 重构课堂——给学生一个舞台

经过一番调整后,笔者采用合作学习的方式,先让学生合作探究,然后对文本进行深度解读。

改进后的课堂如下(片段展现):

师:干脆我们来分组讨论,共同合作吧。选一个记录人、一个中心发言人,每组定一个评委为其他组的发言打分。选一个小组成员都喜欢的句子来谈感受。

(学生各司其职,热烈讨论,小组成员相互补充、完善。10分钟后学生主动到台上发言。)

生:我们这一组选的是"人一辈子都在高潮——低潮中浮沉,惟有庸碌的人,生活才如死水一般;或者要有极高的修养,方能廓然无累。"在人的一生中,遇到挫折打击是不可避免的,关键是如何把挫折变为成功。实际上,我们应该有把失败当作成功垫脚石的信念,有了这样的信念,你就会享受挫折,感谢挫折,树立信心,重新站起来,然后就会坦然面对人生中的成功与失败。

生:老师,我们这一组选的也是这一句,请大家评一评,到底哪一组分析得更深刻。

师:说来听听。

生:人的一生处处都可能有碰壁的时候,不能因为一朵鲜花的凋零就感觉失去了整个春天,所以不要因为失败而没有信心,要学会坚强,只有坚强才能让头脑保持冷静,正确看待事物。在失败的时候保持自信,在成功的时候保持清醒,这不就是傅雷给予他孩子要坚强的忠告吗?在成功的时候,想想失败的疼痛,在失败的时候回忆成功的喜悦,你也会变坚强的。有修养的人懂得微不足道的成功后面可能有巨大的失败,而巨大失败的后面同样蕴藏着更大的成功。只要你能宠辱不惊,泰然处之,就能挖到石头下的黄金。

生：我们这一组也来谈谈，但我们选的是"心中的苦闷不在家信中发泄，又哪里去发泄呢？孩子不向父母诉苦向谁诉呢？我们不来安慰你，又该谁来安慰你呢？"这几句话。语言朴实，用了反问的手法，反复强调父母永远是孩子坚强的后盾，给人以家的温暖，还有一个父亲对孩子的殷切关怀。父亲对儿子的爱就在这几句简单的话语中体现得淋漓尽致。这让我们明白了家是孩子发泄苦闷的天堂，是孩子诉苦的日记本，是抚慰孩子创伤的胸膛。

六 | 复盘总结——成功有成功的原因

调整策略后的课堂果然精彩纷呈，热热闹闹，学生讨论得热火朝天，记录得仔仔细细，评价得认认真真。为什么同样的内容有不同的效果呢？这让笔者对传统的教学方法和合作对话的看法有了一定的理解。

当老师在课堂上遇到一定的瓶颈时，不妨把主动权交给学生，不妨大胆地放一放手，"逃离"一下课堂，或许惊喜就在眼前！

1. 相信学生的潜能

在教学活动中，我们要敢于相信学生，相信每个人的潜能都是无限的，都可以成为更好的自己！朱永新先生在《教育：创造无限可能》中说："教育最重要的事情就是要相信孩子与学生，相信他们每一个人都能够书写自己的精彩；就是要发现孩子与学生，发现他们的潜能与个性……"所以，我们要敢于给学生提供学习机会，点燃学生参与课堂的兴趣，鼓励他们大胆探究，勇于探究并敢于创造，这样才能够形成自主探究。

如果教师过于迷恋由自己传授知识，不给学生自主探究的机会，会让学生逐渐丧失主动性。所以，教师应创造适合学生自主探究的环境和氛围，才能更好地发挥学生的主动性。

2. 教师起推波助澜的作用

在自主探究的过程中，教师并不是退居二线，而是要总揽全局。不管是课堂上还是对文本的解读，教师要有高屋建瓴的本领，起一个推波助澜的作用。当课堂出现冷场时，教师需要及时调整学法；当学生旁逸斜出时，教师要善于稳中生智，走出险境；当学生信心不足时，教师要"点语成金"，鼓舞士气；当学生出现遗漏时，教师要适度暗示；当学生思维不深时，教师要画龙点睛。

所以，这就需要教师具有辩证和民主的思想，有广博和精深的知识，有察辨和调控的能力，有化用和转移的技巧。这样的教师方能在课堂上游刃有余，恰到好处。

3. 自主探究是一个长期的过程

探究的能力并非一蹴而就，需要长期培养。这需要教师创造情境，激发学生自主探究的动机；需要教师结合课程，养成学生自主探究的习惯。只有养成了自主探究的习惯，学生才可能真正成为学习的主人。

教师要想学生自主探究有深度，需要培养学生阅读鉴赏的能力。这也是一个持之以恒的过程。因为随着学生对一篇又一篇文章进行深入探究实践，阅读鉴赏的能力会慢慢提高。阅读鉴赏能力的提高会促进学生在自主探究时走向深度。所以，自主探究能力和阅读鉴赏能力是相辅相成的。

此外，自主探究能力的培养也需要学生懂得发现问题、提出问题，并通过自己的主动参与去感知、去体验、去解决问题。所以，教师应在教学中给予学生最大限度的自主权。俗话说，"心有多大，舞台就有多大"，笔者想说："舞台有多大，心才有多大！"

课堂创意：
让你的比喻会跳舞

一 | 教例缘起——灵感是创意基础

在作文教学中，教师喜欢让学生多用比喻，但学生由于平时积累太少，每次只有几个干瘪的比喻词，无法用得更为深入，更生机盎然，更充满灵气。笔者在教学《满井游记》时，发现这篇文章里的比喻并不是简单的"什么像什么"，而是将静态的事物用动词"化静为动"，读来新奇又贴切，惹人遐想。于是，笔者想到以"让你的比喻会跳舞"为题，教学生写动态的比喻。

二 | 课堂叙事——课堂促进创意落地

课堂上，笔者先要求学生找出文中的比喻句，学生都能找出"脱笼之鹄""晶晶然如镜之新开而冷光之乍出于匣也""倩女之靧面而髻鬟之始掠也"。下面为这节课的教学片段：

师：请大家闭上眼睛，想象一下"脱笼之鹄"是什么样子？
生：指的是笼子里飞出来的天鹅。
生：就是在笼子里禁锢了很久后突然放出来。
生：可以说是在一个一望无际的广袤上，可以自由自在地飞翔。

生：作者把自己比作了"脱笼之鹄"，因为作者不想当官，官场上的勾心斗角、尔虞我诈让他觉得窒息、郁闷，这个词让我们仿佛看见作者一下摆脱尔虞我诈的生活后的轻松愉悦。

师：你是从哪个词语感受到的？

生：脱笼。

师：这个词的词性是什么？

生：动词。

师：很好，从大家的回答中，我们都可以发现，这种比喻中的喻体并不是简单的、静止的喻体（如：月亮像玉盘），而是用一定的动词为我们创设了想象的空间，使笔下的比喻翩翩起舞，所以老师把这种叫作"会跳舞的比喻"。这儿的"脱笼"两个字就将作者突然摆脱禁锢后获得自由的感觉淋漓尽致地表现了出来。

师：其他比喻句中哪些词语还能看出"比喻在跳舞"，如"晶晶然如镜之新开而冷光之乍出于匣也"？

生："新开""乍出"这两个词语。

师：这两个词语让我们有什么样的感受呢？

生：让我们感觉刚刚打开的镜子是非常干净的。

生：说明春天已经来了，并且是刚到。

师：有意思。

生："冷光之乍出"中的"乍出"让我感受到，刚打开镜匣子，那明晃晃的清冷的光就马上发射过来。

生：清澈中又夹有寒意，准确地道出了二月春水的典型特点。

师：作者通过这两个"会跳舞的比喻"，形象地描写了二月春水的形态、颜色、温度。意境可谓非同一般，这就是让比喻"跳舞"的妙处。

师：请大家再看看"倩女之靧面而髻鬟之始掠也"这句。文章并没有直接写像倩女，而是用"靧面"和"始掠"两个动词来修饰。

生：刚洗了脸显得格外清醒，刚梳好头发显得格外清新。

生：前面的比喻是说打开镜子，后面就有美人洗脸、梳头了，这几个比喻的动作还是一个连贯性的动作哟!

师:有道理。这个比喻不仅写出积雪消融,山峦转翠,青山显得格外清新,而且像刚洗过脸的美人,刚梳好发髻的美丽少女,娇翠欲滴就呼之欲出了。如果文中没有"礇面""始掠",就显得枯干生涩些,而且也和前面的"新开""乍出"无法呼应。所以同学们,为了让你的文笔更滋润,请给你的比喻带上动词,让你的比喻"跳舞"吧,这样你的比喻就显得更鲜活、灵动、姗姗可爱。

课后,笔者要求学生写一段随笔,但要求让比喻会"跳舞"。

三 | 学生习作——作业检验创意效果

学生习作如下。

月光,轻轻的,像从门缝里挤入的一缕清风,又像薄薄的羽纱轻浮在空中;柔柔的,像滑动在催眠歌声里年轻母亲的手,像婴孩在妈妈的怀抱里做着甜甜的美梦;莹润的,像满含柔情的少女的美眸,又像落入春天里的一汪清泉,更像是晴空万里的一片蔚蓝。

月光,像离弦的箭一般射入深邃翠绿的湖底,更像是换上新装的顽童在水波荡漾的湖面荡来荡去,同时,又游离在小孩那嫩嫩白白的脸上,落在树梢上,飘在草丛上,飞到屋顶上,整个世界都笼罩在银白色的雾气里。

你清晨醒来伸展的第一个懒腰,就像一位攀登高峰的勇者在奋力挥舞着他的双臂;你弯下身子穿鞋子的样子,就像是一个倒立的直角三角形。当你漫步在校园里,一阵清风徐徐吹拂,像一位舞动着双臂的温柔母亲,为你驱走一切烦恼。当你来到教室,纵身一跳,触摸门框,像一个正在扣篮的高手,意气风发;当你一屁股坐在板凳上时,又成了一把移动椅,可左可右,可上可下;当你认真听讲时,就像一只飞舞的蝴蝶,跳得个生机勃勃,跳得个神采飞扬!

四 | 教后思考——反思提升创意迭代

　　这次教学的效果出乎笔者的意料，也让笔者发现学生的想象力异常开阔。作为教师，如能利用好手中已有的教学资源，再加上老师独特、创新的教学设想，一定会激活学生身上的"活水"源头。而培养语文素养是一个长期的过程，所以教师指导学生学习语文时，不能只停留在语言的层面，应上升到思维的高度，不仅要"让比喻会跳舞"，更要"让思维会跳舞"。这样，学生的潜能才会像大海一样永不枯竭！

课堂生成：
我课我秀，秀出风采

课堂教学中，教师的课堂表现就代表着这个教师的教学理念和人生态度。一个有特色的教师，需要开发教材、利用教材，打造属于自己独特个性的课堂。

一 | 电影序幕式——抓住文本特色

在教学《台阶》时，有学生问："老师，我觉得这篇课文有点像一篇重庆的'言子'。"笔者不禁一颤，看来学生对这篇文章感兴趣的，不是文章的思想，而是文章的语言。

的确，这篇课文有很多语言具有口语化，并且是将很长一段时间发生的事，用几句诙谐幽默的语言巧妙地表达出来。于是，在课堂上，笔者根据文章的语言特点，给文章中一种特殊句子取名为"电影序幕式"。

所谓"电影序幕式"，就是将几个镜头像放电影一样连续放出来，并用特有的"电影主题曲"串联起来，使其形成一个完整的片段。在这篇课文中，这样的句子有：

我就喜欢站在那条青石门槛上往台阶上跳。先是跳一级台阶，蹦、蹦、蹦！后来，我就跳二级台阶，蹦、蹦！再后来，我跳三级台阶，蹦！又觉得从上往下跳没意思，便调了个头，从下往上跳，啪、啪、啪！后来，又跳二级，啪、啪！再后来，又跳三级，啪！我想一步跳到门槛上，但摔了一大跤。

然后，笔者开始分析句子："这个句子将孩提时的'我'从在台阶上学跳时，由开始的只会跳一级，到跳两级，到跳三级，再往上跳一级到跳两级，到跳三级这样的过程，用几句简明而又准确、形象的话生动地反映了出来。是用'主题曲——先是……后来……再后来'连接的'镜头'。"

紧接着，笔者要求学生找到类似的句子，分析文中的"镜头"和"主题曲"，并谈谈句子的表达效果。没想到"一石激起千层浪"，学生的兴趣顿时大增，纷纷找到了同类型的句子。

父亲的准备是十分漫长的。他今天从地里捡回一块砖，明天可能又捡进一片瓦，再就是往一个黑瓦罐里塞角票。虽然这些都很微不足道，但他做得很认真。

于是，一年中他七个月种田，四个月去山里砍柴，半个月在大溪滩上捡屋基卵石，剩下半个月用来过年、编草鞋。

新台阶砌好了，九级，正好比老台阶高出两倍。新台阶很气派，全部用水泥抹的面，泥瓦匠也很用心，面抹得很光。父亲按照要求，每天在上面浇一遍水。隔天，父亲就用手去按一按台阶，说硬了硬了。再隔几天，他又用细木棍去敲了敲，说实了实了。又隔了几天，他整个人走到台阶上去，把他的大脚板在每个部位都踩了踩，说全冻牢了。

体会完句子后，笔者要求学生选一个例文进行仿写。学生的习作如下：

这节课，语文教师要发语文单元测试卷。同学们的内心是七上八下，忐忑不安。

走廊上，老师的皮鞋声"嗒嗒嗒"的，特别刺耳，同学们都静静地趴在桌子上一动不动。老师抱着一大沓试卷迈进教室，同学们刷地把目光投过去，异口同声"啊"地叫起来。顿时教室里议论纷纷，叽叽喳喳。忽然，

"啪"的一声，教室里顿时鸦雀无声了。

二 | 给细节穿上华丽的外衣——开发文本语言

教学朱自清的《背影》，刻画"买橘子"情节中的"背影"时一般都是分析细节。笔者宕开一笔，从旁边的修饰词语入手。具体教学过程如下。

我看见他戴着黑布小帽，穿着黑布大马褂，深青布棉袍，蹒跚地走到铁道边，慢慢探身下去，尚不大难……他用两手攀着上面，两脚再向上缩；他肥胖的身子向左微倾，显出努力的样子，这时我看见他的背影，我的泪很快地流下来了。

师：文中说了父亲穿的什么？
生：戴的小帽，穿的大马褂、棉袍。
师：具体说一说文章是怎么修饰这些衣服的？
生：黑布，黑布，深青布。
师：这些衣物为什么都是布，并且都是黑色、深青色的？
生：因为前面说了父亲做给他的是紫毛大衣，而父亲自己穿的却是朴素的黑色，质地也是布的。可以看出父亲把好的留给儿子，而自己却穿得很差，这样更突出了父亲对儿子的爱。
师：说得真好，所以用在名词和动词前的修饰词语，可以使陈述的对象更形象、更具体，有时也传达特有的表达意味。接下来，请同学们在下面找出修饰动词和名词的词语，并体会一下作用。

为了巩固效果，笔者又出示了另一段文字：

他50多岁了，戴着一副高度的近视眼镜。他战战兢兢地取下眼镜，用衣服的下摆随手擦了擦眼镜。"嗯嗯"了几声，忽然又想起了什么似的，手忙脚乱地在盘子里找了找，又匆匆地在口袋里掏了掏，掏出一盒汗津津的火柴，才如释重负地舒了一口气。然后他站直了身子，用特别响亮的声音说："现在开始做实验！"

这段重点引导学生揣摩"高度近视""战战兢兢""随手擦""手忙脚乱""匆匆""汗津津"等词的作用。

课后，笔者给学生布置了一个作业：写一段人物的细节。习作要求是加上修饰词语。

学生习作展示如下：

灯枯天明，有人敲门。一位满头白发的老人从门口摇摇摆摆地走来，一根破旧的拐杖是她行走的第三只脚。只见她转身时，拄在地上的拐杖慢吞吞地旋转，一件已经洗得发白的蓝布大衣丝丝缕缕地在大腿上飘动，脸上有些松弛的肌肉不时地抽搐着，那破烂不堪的草鞋也灌满了寒风。

三 | 教后感

笔者自创的两种教学方式都收到了意外的好效果。这既让笔者兴奋，又引发了笔者的深思：教师不必拘泥于一些教学参考书和资料书，真正能吸引学生注意力的是教师的创造力和独特的思维技巧，这样的课，更有爆发力，更有个性和风格。

笔者想说："'我课我秀'吧。只要是有利于教学的，就大胆地'秀'吧。教学上不能老是依葫芦画瓢，这样终会'作茧自缚'。"

在"我课我秀"时，教师需要注意以下原则：（1）尊重文本原则。开发课例也好，进行创新也罢，发现文本的独特性，注意价值取向，有利于学生语文素养的培养和人文品质的养成。（2）符合学生认知。考虑学生认知水平，思考学生的已有能力和经验，设计能真正作用于学生的知、情、意的育人效应。（3）吸引学生。如果教师设计的课学生不感兴趣，这样的设计是失败的。

如此创新，才真正能"秀"出课堂的风采，"秀"出课堂的魅力。

课堂深度：
在语言品读中走进深度学习

语文，需要灵动的教学，更需要师生在对文本进行深度解读时，建立学生与文本、学生与作者、学生与教材、学生与生活之间的联系。

教师要在帮助学生理解文本的时候，通过语言文字去深入文本的核心。学习《茅屋为秋风所破歌》时，笔者便以语言为媒介，走入文本，从而实现了深度学习。

一 | 在删减中感受——培养整体思维

在语文阅读活动中，我们要关注语言的魅力，关注语言在整个文本中所处的地位和作用。笔者在教学时采用删减的方式，即把文中的某个句子删掉，和原文进行对比，并联系前后文，从整体上把握语境，感知作者文字背后独特的语言魅力。

师：请大家看，"俄顷风定云墨色，秋天漠漠向昏黑"，这句话能不能删？

生：能！

生：不能。

师：咱们先删了读一遍。

（生读）

师：我们再把原文读一遍。

（生读）

生：如果没有这句，好像文章显得就没有那么深刻。

生：老师，这让我想起了鬼片里的背景，给人一种恐怖的感觉。

（生不由自主地模仿起鬼片中的声音）

师：是啊，当有了背景，文章的意蕴和味道就出来了。

生：这里的颜色变成了黑色，感觉天气在不断地变化。

生：这里渲染一种压抑、暗淡的氛围，表现了作者内心的悲伤、愁苦。

生：我感觉和前面的景物形成一种照应，前面是吹风，表明时间在变化。

生：我也觉得是，写出了当时的时间变化。

师：那我们再看，从文章结构上思考呢？

生：为后面表达忧国忧民做了铺垫。

师：好像后面还具体写了一些事情。

生：老师，我明白了，为后面马上就要下雨了，屋子漏雨，雨脚如麻，不能睡个安稳觉做了铺垫。

师：刚刚大家感觉到那么多作用。去掉后呢？

生：去掉后，仅仅就是在叙说一件事。

生：去掉后，感受不到是秋天，也感受不到天气的变化。

生：我觉得有些突兀。所以还是不能删。

师：刚才大家分析了这里的景物描写，是不是不能删掉啊。所以文章的气氛、故事情节的发展、表达的主旨都有一定作用的。

学生在删减中思考，在删减中品味，在删减中联系前后文，注重了整体思维的培养，既体会了语言文字的精妙之处，也感受了语言在文本整体上的作用，从而建立了系统的思维。

二 | 在换字中理解——提升鉴赏思维

语文的阅读教学中，要想把语文味道挖掘出来，学生需要感知言语间独一无二的意蕴,从而达到深度阅读的效果。笔者用了替换词语的方法,让学生在对比中不断地品鉴词语的优劣,从而实现深度学习。

师:"布衾多年冷似铁"中的"铁"能不能换成"冰"?

生:"铁"写出了棉被用了很多年,天气又很冷,给人一种很硬的感觉。

师:好像"冰"也是很硬的感觉吧?

生:"冰"是一捂就化,而"铁"好像不管怎么捂都不会热。不管捂多久,都不会热,长年累月都是那么冷。

师:我想问一下你们家里的被子是不是硬的?

生:不是,是软的,是暖和的。

师:那你想想,那种长期盖着像铁一样的被子是什么感觉?

生:简直太难受了。

生:我感觉到被子好久没有洗过了,很脏。

师:从视觉上去思考了。

生:很臭,感觉快要发霉了。

师:刚才大家从视觉上感觉很脏,嗅觉上有霉臭,触觉上很硬。冰有这样的感觉吗?

生:没有。"冰"有可能还会很美呢。

师:一个人长年累月盖着像铁一样的被子,一个人一生中有一半的时间都在睡觉,那是一件多么痛苦的事情啊。

在"能否将'铁'换成'冰'"的话题上,学生在品读中慢慢深入、扩展,甚至从视觉、嗅觉、触觉等方面进行了发散,最后感受到"铁"的独特之处,从而提高了学生对文字的鉴赏能力和感知力,也提高了课堂语言的品读效果。

三 | 在辩论中思辨——提升批判思维

《课标(2022)》在"思辨性阅读与表达"中言:"注意引导学生客观、

全面、冷静地思考问题"。因此，在阅读教学中，我们可以用辩论的学习方式进行教学。这样，不仅能帮助学生在辩论中思辨，还能帮助学生在辨析中不断深入地走进文本。

师：文中"卷我屋上三重茅"中的"三"是虚数。古人用"三"，有时形容多，有时形容少。这里到底是多还是少呢？

生：我认为应该是多。书中的注释写的是"多层茅草"。

生：我觉得是少。如果多的话，怎么可能有后面的"床头屋漏无干处"？

生：我觉得是少，因为后面有"公然抱茅入竹去"。如果多的话，那么杜甫就不用呵斥了，所以我认为是少。

生：我认为是多。倘若少的话，怎么会被风吹得"茅飞渡江洒江郊，高者挂罥长林梢，下者飘转沉塘坳"，都已经被风吹去那么多个地方，还能被群童抢走吗？

生：我认为是少，因为文章中写的就是少。文章处处透露出作者心情的愁苦和家境的贫困，他为什么会愁苦？因为屋顶上的茅草吹落后，没有盖的了。从后面的"床头屋漏无干处"就看出了茅草太少，所以，我觉得这里的"三"表示少。

在辨析中，虽然没有准确的答案，但是学生却在这种前后联系中，把文章的内容不断地联想、整合、辨析、思考，最后不仅实现了批判性思维的发展，更重要的是对文本的深度学习也应运而生了。

四 | 在增添中思考——打开认知空间

在语文学习中，教师要善于抓住课文的留白处，让学生进行添加，给学生创造想象的空间，从而挖掘教材，拓展学生的认知，达到深度学习的目的。

师："自经丧乱少睡眠，长夜沾湿何由彻"这句话表明作者睡得很少。又湿又冷的长夜作者是如何挨到天亮的？他到底在想什么想得睡不着？请你把作者想的内容补充出来。

生：这个雨太烦了，把屋子全部打湿了。

生：我真的好无能，连家人都保护不了。

生：战争何时结束啊，百姓啊，太苦了。

师：能不能用杜甫的身份和语气来思考呢？

生：国家如此之动乱，苦的永远是百姓，我们何时才能过上衣食无忧的生活呢？

师：他只是担心他自己吗？

生：这个国家怎么办啊？

生：贫世使得天下寒，何时天下得广厦！（掌声）

师：杜甫在自己"长夜沾湿何由彻"的痛苦中想到的不仅仅是自己的家、自己的房子，还想到了风雨中千千万万衣食无着落的穷苦百姓，他想到了肩膀上的责任。他没有沉沦，而是从沉思中振作起来，发出"安得广厦千万间，大庇天下寒士俱欢颜"的呼喊，这种推己及人、关心人民疾苦的博大胸怀和崇高理想跃然在纸上。

这个案例创设了语境，并让学生根据当时的情况进行了想象，而想象的过程就是深度提升思维的过程。在笔者的步步引导和追问下，学生一步步往前思考，最后实现了从读文章到读作者。

语文的深度学习，重在学生对语言文字的揣摩，让文本在文字揣摩中活起来，从而真正地让学生参与进来，思考起来，延伸起来，实现语文的深度学习，最终提升学生的语文核心素养！

课堂技巧：
用多轮次体验法提升课堂高度

有这样一个故事：有一种儿童用药因味道过于苦涩，致使儿童在服用时难以下咽。为此，制药厂对药品的口感进行了改良，增加了多种受儿童喜欢的口味，如草莓味等。同理，教师上课的方式也最好能用学生喜闻乐见的方式，用体验的方式，让学生乐意参与进来，从而调动学生的内动力。下面以《桃花源记》的课堂片段为例进行说明。

一 | 还原体验法——关注前后文

所谓"还原体验法"，就是学生把自己放到文本中，联系前后文，借助文字来体会、理解文本的内容，从而有所体验，进而有所收获。

比如，在理解文本"见渔人，乃大惊，问所从来。具答之"的内容时，笔者提出任务："到底渔人和桃源人之间说了什么？请大家联系前后文，想象一下，并邀请你的同桌一起来扮演。"

具体引导过程如下：

师：请同学们看，从这个句子看出他们之间的对话是什么方式？请注意关键词。

生：问和答。

师：那么，接下来，我们表演的时候就需要用问答式进行展示。

接下来，学生开始准备，此阶段笔者未进行任何引导。因为还原体验需要学生自己围绕前后文，独立地学，合作地学，教师要尊重学生的个体体验，学生在还原体验中不断地总结，这样获得的学习知识才能牢牢掌握。当学生起来回答时，两个孩子拿着书有些扭捏。

桃源人：请问你从哪里来？

渔人：我从武陵来。

（两人不再说话）

从这个细节，我们可以捕捉到：这两位学生并没有深入理解对话的内容，所以他们的表演无法展开下去。

笔者调侃道："你们之间的关系就像两个路人，互相寒暄。然后分开，从此，相忘于江湖。"于是，笔者继续强化学生关注文本的前后文。

师：我们再读读课文，在原文中找找他们会用什么内容作为交流的话题呢？

生："乃大惊，问所从来。"

师：渔人怎么做的？

生："具答之。"

师：详细地答，是一句话吗？

（生笑）

师：我们再联系前后文看看，他到底会回答什么呢？

生：从前文看，他会回答他发现桃源的过程。既然要吃饭，就会谈谈里面他看到的景物和人，还有他的感受。

因为有了一定的还原引导，学生再来表演的时候，就更加贴近文本了。

桃源人：你从哪儿来？

渔夫：我从武陵来。我沿着溪水走，忘记了路的远近，看见了桃花林。两岸几百步，中间没有别的树，而且花草鲜艳美丽，落花繁多。里面很美丽，房子很整齐，土地平坦，有很多肥沃的田地、美丽的池塘，而且鸡和狗的叫声都能听到……

二 ｜ 细节体验法——注意关键词

当学生继续表演时，两个孩子一个问了一句，另外一个以独角戏似的方式进行回答。于是，笔者开玩笑地说："你们之间像在招聘，他提一个问题，你一股脑地反馈。"顿时，教室里哄堂大笑起来。

由此可见，知道了内容还不够，因为学生还没有对话的意识。笔者决定采用细节体验法，让学生在自己创设的场景中，关注文章的细节，在细节处尤其需注意关键词的把握。于是笔者接着说："他们应该是问与答。大家理解课文要关注关键词。"

随后的一组同学因为受到了刚才的启发，懂得了一问一答。

桃源人：你从哪儿来？

渔人：我从武陵来。

桃源人：你怎么来的？

渔人：我是沿着溪走，忘记了路的远近，然后忽然碰到了桃花源。

桃源人：你进来后看到了什么？

渔人：这里土地平旷，房屋整齐。

桃源人：那这里的人呢？

渔人：这里的人穿着都像外面的人，而且他们很快乐。

看来，大家已经懂得抓关键词了。但是要深入理解课文，还需要把握人物性格。于是笔者继续引导："现在你们扮演的是警察与小偷的关系，他们在审讯，不是在问答。那么我们要联系人物的性格。"

师：既然要联系人物性格，我们先看原文。

生：首先桃源的环境好，生活和平安宁，那么他的性格是热情、淳朴。

师：那渔人呢？

生："忘路之远近""甚异之，复前行，欲穷其林"，爱探险，对新事物好奇。

师：咱们还可以联系当时的社会。

生：当时战火纷飞。

师：一个长期生活在水深火热里的人到了一个陌生的地方，想象一下他的样子是怎么样的？

生：可能没有安全感，会有些害怕。

师：当我们没有安全感，会回答得有些小心。但是后来桃源人邀请他到家里去吃饭，既然邀请他，就说明聊得很愉快，那么我们设置的时候，就要注意人物性格和当时的情景。

所以，在体验的时候，让学生关注细节处，才能把体验做得更深刻，对文本的理解才能更深入。

三 | 溯源体验法——联系时代背景

所谓"溯源"，是指往上游寻找发源的地方。在文本的体验中，我们探寻事物的根本，联系时代背景，思考问题的源头并进行思考，对文本的理解会更加透彻。

于是，在引导学生透彻地理解文本的时候，我们是这样做的：

桃源人：啊，从来没有见过你，请问，朋友，你这是从哪里来啊？

渔人：我……从很远的地方来。

桃源人：你不用担心，我们这里的人很友善的。咦，你是怎么进来的啊？

渔人：我当时在溪里打鱼，沿着溪走，走着走着就不知道路的远近了，忽然看到一片桃林。桃花开得鲜艳美丽，落花繁多，真是人间仙境啊！还没有其他树呢！

桃源人：哇，这么奇特啊！后来呢？

　　渔人：后来，林子尽头就是水源处，居然有一座山，山有一个小口，里面还有光，我越来越觉得奇怪了。于是便从山的小口处进来了。

　　桃源人：我们这儿不错吧！

　　渔人：哎呀，确实。土地又平又宽广，房屋也很整齐。这里有田地、池塘、桑树、竹子，物产也丰厚，而且安静，田间小路交错相通，鸡和狗的叫声都能听到，既美丽又幽静啊。

　　桃源人：那我们这里的人你感觉如何呢？

　　渔人：大家都在自己耕种，能幸福安然地享受劳作，连老人和小孩都很愉快安然。

　　桃源人：是啊，我们过得很平静，这样的日子舒适而安心，我们这里的人也都很好。到我们家里去看看，今天我要好好招待你这个远方来的客人。

　　渔人：可是，我生活的外面是战火纷飞、民不聊生啊……

　　在扮演角色理解课文时，我们向学生指出了三条路径：一是联系前后文，二是注重抓关键词，三是联系时代背景。这三条路径让学生更加深入了文本，也让学生整体体会了人物的性格、桃花源里的景色、当时的时代背景。

　　这样的体验过程是层层递进的。由此，我们可以得出：在理解文本的时候，设置多轮次的体验方式，设置情景，并且不断地体验各种角色，在体验和操作中完成对文章内容的深入，这个过程既调动了学生的兴趣，也愉快了学习，在课堂的欢声笑语中实现了预期的课堂效果。

课堂气氛：
活泼有趣上好科普说明文

科普说明文大都蕴含了广泛而丰富的知识，文章既有科学性，又涉及天文地理、生物进化、人体生理等知识，并且，其文章结构严谨、逻辑性强。所以，学生不容易产生兴趣。

苏霍姆林斯基说："如果教师不想方设法使学生进入情绪高昂和智力振奋的内心状态，就急于传授知识，那么，这种知识只能使人产生冷漠的态度，而不动感情的脑力劳动就会带来疲倦。"怎样才能激发学生学科普说明文的兴趣，同时，又使语文课堂高效呢？

一 | 用结构化的方式——快速梳理文章

学生对文章的理解，首先从结构开启。科普说明文结构严谨、逻辑性强，并且有一定的专业术语。如何打开专业术语与学生之间的知识壁垒呢？

我们用简单、普适的"是什么—为什么"来讲解科普说明文中专业术语与文章的关系。同时，从科普说明文普遍的结构——"提出问题—分析问题—解决问题"入手，对脉络进行抽丝剥茧，从而拉近学生与深奥难懂的科普文的距离。

在教学《被压扁的沙子》时，笔者要求学生找到专业术语，并通过上下文、找文章关键信息，以"是什么—为什么"的思维方式去理清文章脉络。

师：同学们，这篇文章和前面《大自然的语言》和《恐龙无处不有》一样，有专业的科学术语，请同学们找出来。

生：撞击说。

生：火山说。

生：斯石英。

师：什么是"撞击说"？什么是"火山说"？什么是"斯石英"？请从文章中筛选出信息。（板书：是什么）

生："撞击说"主要是第2段。

生："火山说"主要是第3段。

生："斯石英"是第6段里说的内容。

师："斯石英""撞击说""火山说"的关系是怎样的？

生："斯石英"的发现证明了"撞击说"，否定了"火山说"。

师：哪些段落能证明？这个证明的过程其实就是在解释"为什么"。（板书：为什么）

生：第7—17段。

师：所以，同学们，我们的事理说明文的结构很简单，就是一个"是什么—为什么"的过程。

这一简单的分析引导过程，既避免了学生频繁地阅读文章所带来的繁琐感和枯燥感，也避免了专业术语带来的晦涩感，而且用简明扼要的"是什么—为什么"对科普说明文的结构进行了初步梳理，避重就轻，让学生从心理上接受了科普说明文。

二 | 用辩论的方式——勾连学生兴趣

理清了文章的结构，仅仅是第一步。要想带领学生深入地走进科普说明文，需要让学生对课文细节产生兴趣，并且愿意探究里面的奥秘。于是，笔者采用"辩论"教学法，来激发学生的兴趣，同时助力学生的逻辑思维能力和思辨能力的提高。更重要的是，学生在辩论中学会了找证据，深入了文本纹理，从文本的字词句篇入手，顺着文本的"肌理"抵达了文本的"心脏"。这就避免了学生在个性化阅读体验时，出现毫无根据地断章取义的现象。

在《被压扁的沙子里》里，在"撞击说"和"火山说"两个方面，笔者以自己的观点开头，故意抛出错误的"橄榄枝"，从而调起学生的"胃口"。

师：同学们，文中赞同"撞击说"，我倒是赞同"火山说"。

生：老师，你的理由是什么？

师：很好，知道问老师理由。所以，我们的辩论一定要找到依据。我是这么认为的，不管是"撞击说"还是"火山说"，它们最终都是经过"火山爆发"这样一个过程，所以我认为"火山说"是正确的。

生：老师，这两种现象好像是不同的呢。"撞击说"还涉及天文学、物理学、地理学，而"火山说"是自然现象引起的。

师：请在原文里找到依据。

生：第2段中说"在一个6500万年前形成的沉积物薄层中，发现了稀有金属铱，它的含量异常丰富"。然后说，"一些人认为，这可能是一个巨大的小行星或彗星撞击地球的结果"。又说，"这种撞击也许深入到了地壳内部，引发火山喷发，造成大火和潮汐大浪"。还有第四层"许多尘埃进入了平流层中，结果造成在很长一段时间内阳光无法抵达地球表面"。根据这些内容能推断出"这也许是导致包括所有恐龙在内的许多地球生物灭绝的原因"。

师：那"火山说"呢？

生：第3段，"如果地球突然经历了一个火山爆发期，许多火山大致同时喷发，那么也能造成一个足以使生物大量灭绝的巨大灾难"。这两个我觉得第一个解释更严密。

师：你看到了事理说明文这种一环扣一环的逻辑的严密性。我建议你继续探究文章，看看文章是怎么进行推理的。

生：老师，我对两个观点都不赞同。

师：为什么呢？

生：因为课文第 12 段中说"在一些地方已经发现了斯石英，而且有证据显示，这些地区曾经受到巨大陨石的撞击。撞击所产生的巨大压力形成了斯石英"。这句话里面说了是"在一些地方"，并不是所有地方。

生：我不赞同你的观点，因为文章第 10 段说了，"如果在 850℃的温度下把斯石英加热 30 分钟，它将变为普通沙子"。第 12 段说"在进行过原子弹爆炸实验的场地也发现了斯石英，它是由膨胀火球的巨大压力形成的"。那个时候是不可能有原子弹的。同时，第 13 段又说"任何由火山携带而来的斯石英都被转化为普通的二氧化硅"。那么，你说的不赞同"撞击说"也就不成立了。

学生的辩论还在进行着，有的同学马上开始查找资料，翻看生物书、地理书，有的同学下课后仍然聚集在一起辩论不止，有的同学找到了文章的矛盾点，一直在反复推敲。由此说明：科普说明文虽然枯燥，但是其知识的丰富性也可以引发学生浓厚的兴趣，关键是老师如何去点燃。

三 | 用扮演的方式——深化推理思维

科普说明文还有其关键特点：推理性强，逻辑思维强。如何能够让学生把推理过程清晰、有条理地展现出来呢？在上一个"辩论"环节中，学生只是找到了矛盾点，并没有严密的逻辑推理。只有真正把逻辑推理过程严谨而清晰地梳理清楚，并且总结出推理的方法，才是学习到科普说明文的精髓之处。

在《被压扁的沙子》中，笔者提出让每一个同学当老师："既然需要证明自己的观点，那么，我们就需要像老师一样把推理过程讲明白、讲清楚，并且思考文章用什么方式来证明自己的观点是正确的。没有讲明白的，将被宣告"小老师"扮演不合格。"

"扮演老师"这一方法,不仅调动了讲解同学的积极性,也调动了听课同学的好奇心。整个课堂有"老师",有"评论员",并且在潜移默化中,学生也把证明观点的方法学到了。

师:同学们,我发现了一个现象,大家在"辩论"时,只是提出了自己的观点,或者找到一些依据,却并没有有条理地一步步证明自己的观点。接下来,我们先邀请认为"撞击说"正确的同学来当老师,说明文章是怎么证明的。其他同学可以提问,可以评价。

生:老师,我来。文章说了"斯石英"的特性是高压下才能形成,并且说"在850℃的温度下把斯石英加热30分钟,它将变为普通沙子"。文章又说在一些地方发现了斯石英,在有原子弹爆炸的实验现场发现过,可是那个年代是不可能有原子弹的。而第13段说"火山活动地区至今没有发现过斯石英"。不是原子弹,没有火山高温,又会把斯石英变成普通沙子。由此推出,只有一种可能:斯石英出现的地方发生了撞击。

师:你的讲解相当有层次感哟,而且一环扣一环。你是怎么找到这些的?

生:在原文找到关键信息,然后联系前后文,一步步推出的。

师:所以,推理的一个关键是找到关键信息。但是这样就证明了吗?既然是科普文,我们还需要科学。谁又来讲解下?注意科学性。

生:老师,我们可以用"如果"来表达。比如,文中说"如果在850℃的温度下把斯石英加热30分钟,它将变为普通沙子"。同理,如果二氧化硅在超高压状态下就会变成"斯石英"。后面又在推理,如果是火山爆发,那么,斯石英会在高温下转化成普通沙子,但是文章事实证明,火山活动地区至今没有发现斯石英。同样,文中说,如果不是陨石撞击,那么只有原子弹爆炸的实验现场有斯石英,但是那个年代没有原子弹啊,所以最后通过假设,证明是"撞击说"。

师:这位同学用的是"假设推理"的方式来证明。

生：老师，文中还用了实验证明。文中说 1989 年 3 月，亚利桑那大学的麦克霍恩和几位合作者用实验检测到斯石英中存在一种原子排列。由此也证明"造成恐龙灭绝的原因不是火山活动，而应该是撞击"。

师：用科学的实验证明。

生：文章也有用事实说话的。比如，在进行原子弹爆炸实验的场地发现了斯石英，用事实说明是巨大外力产生的。

师：你总结一下这是用什么在证明"撞击说"？

生：事实说话啊！

师：所以，同学们，从文中我们可以看出，科普文在证明具体观点的时候，需要用以下方式证明——假设推理、严密推理、实验证明、事实证明。这就是我们科普说明文中严谨的推理过程中需要用到的方法。

这个环节，笔者通过捕捉学生说话中的闪光点，在学生一步步深入的过程中，引导学生思考，并提炼出推理证明的方法，以便让学生懂得科普文是如何证明观点的，并且，让学生的思维也更加具有层次性。

把科普文讲得活泼有趣，同时，学生又能进入深度的学习，这需要老师根据文本，找到具体的解决方式。在教学活动中，从用结构化的方式快速梳理文章，到用辩论的方式勾连学生兴趣，到用"扮演老师"的方式深化推理思维，笔者始终以"教材"为本，让学生站在课堂的正中央，并注意设计符合学生认知规律的教学活动。整个过程始终以学为中心。

笔者认为，如果能长期坚持这样的培养，学生对科普说明文的兴趣将由一堂课的兴趣延伸到对科学感兴趣，甚至成为一生的爱好和追求，这才是教育者应该追求的教育教学的效果！

第四辑

在共同体中深度学习

备课：
基于核心素养的朗读教学
——以《春》为例

发展核心素养，聚焦课堂实践，已成为如今教学的大方向。如何在核心素养导向下，进行朗读教学？基于重庆市兼善中学蔡家校区张蓉老师的教学案例，我们进行了集体备课。笔者将从构建核心素养下的目标观、核心素养下的文本观、核心素养下的设计观、核心素养下的评价观等方面谈谈自己的想法。

一 | 核心素养下的目标观——要有系统建构思维

语文教学的核心素养包括：语言建构与运用，思维发展与提升，审美鉴赏与创造，文化传承与理解。新课标中提出的核心素养实现了三个转变：由"抽象知识"向"具体情境"转变，由"知识中心"向"素养中心"转变，由"教师中心"向"学生中心"转变。

学科素养的提出为学科教学指明了方向。如何将核心素养、教学观、质量观落地呢？下面以"朗读教学"为例进行说明。

一是分析课标。新课标中对朗读的要求是"能用普通话正确、流利、有感情地朗读"。

二是分析教材单元目标。根据单元目标，笔者把初中三年有关朗读的要求梳理了出来，具体如下。

七年级上册：第一单元，重视朗读；第二单元，继续重视朗读，把握文章的感情基调，注意语气、节奏的变化；第三单元，学习默读；第四、五单元，继续学习默读；第六单元，学习快速阅读，力争每分钟不少于400字。

七年级下册：第一单元，学习精读；第二单元，继续学习精读；第三单元，注重熟读精思；第四单元，重点学习略读；第六单元，学习浏览。

八年级上册：第三单元，反复诵读。

八年级下册：第四单元，当众演讲；第六单元，在反复诵读的基础上，培养文言语感。

九年级上册：第一单元，学习诗歌朗诵技巧；第三单元，在理解课文内容的基础上，熟读成诵。

九年级下册：第一单元，反复朗读；第六单元，熟读成诵。

根据以上单元要求，笔者又梳理提炼了各个阶段朗读的目标。

七年级上册：学习朗读（重音、停连，感情基调，语气、节奏）—默读—快速读。

七年级下册：精读—熟读精思—略读。

八年级上册：阅读新闻—反复诵读。

八年级下册：当众演讲—反复诵读，培养文言语感。

九年级上册：诗歌朗诵—熟读成诵。

九年级下册：反复朗读—熟读成诵。

由此，笔者构架出初中三年朗读架构：重视朗读—默读—速读—精读—略读—诵读—反复朗读，熟读成诵。由此可以得出：七年级上学年，教师担负朗读、默读、速读的重任，朗读是七年级上学年的重要任务，也是培养学生阅读习惯的基础，更起着承上启下的关键作用。

七年级上册第一单元有"要重视朗读课文""想象文中描绘的情景""领略景物之美""把握好重音和停连""感受汉语声韵之美""注意揣摩和品味语言""体会比喻和拟人等修辞手法的表达效果"等七个学习目标，"朗读""感受理解""信息梳理""品味语言""分析探究""表达""书写"以及"评价"等学习活动建议。朗读是首要的活动建议。

七年级上册第一单元的单元提示是："学习本单元，要重视朗读课文，想象文中描绘的情景，领略景物之美；把握好重音和停连，感受汉语声韵之美。还要注意揣摩和品味语言，体会比喻和拟人等修辞手法的表达效果。"

七年级上册教师教学用书中第一单元的教学目标是：（1）感受课文中丰富多彩的景物之美，激发对大自然、对人生的热爱；（2）掌握朗读的要领，重点学习重音和停连，通过朗读深入体会诗文的思想感情；（3）揣摩课文语言，提高鉴赏能力，初步体会文学语言的表达手法。

由此可以提炼出关键目标：把握重音、停连。

七年级上册教师教学用书中第一单元每一课的教学重点如下。

《春》：朗读课文，把握重音和停连。

《济南的冬天》：继续训练朗读，掌握重音和停连的要领。

《雨的四季》：巩固前两课学习朗读成果。

由此，我们可以分析出：在由"教读"到"自读"到"课外阅读"中，《春》作为教读课文，目标是把握重音、停连，并能够起到掌握朗诵方法、激发朗读兴趣的目的；而《济南的冬天》是在《春》的基础上，掌握朗读技巧；《雨的四季》《古代诗歌四首》则是巩固朗读技巧，进行自主运用。

通过以上分析，我们得出了第一单元的人文主题是四季美景，关于朗读的语文要素是：把握重音、停连，体会声韵之美。

二 | 核心素养下的文本观——建立文本与学生的链接

核心素养下，我们要关注文本内部的纹理，发现与课程、单元之间的联系，并能够与学生的实际建立联系。

从教材编排中看：部编版教材和以往教材有所不同，其更有专题结构和内容体系，单元目标更有逻辑性和层递性。

笔者把"部编版"和"人教版"教材中的导语进行了比较，发现两套教材都是从课文内容、文体、写作风格等方面来阐述。

人教版《春》中，要求学生通过多读课文，去感受春天的美好，引导方式是多朗读，但却没有具体的做法。

部编版教材中预习提示的内容分为两部分：一是课文内容、文体、文章特点等；二是为学生的学习方式提供指引。以学生的原有知识为基础，以朗读为途径，以想象为媒介，不但可以使学生的发散思维得到发展，而且可以通过具体的做法使学生进入作者描绘的景色中，更快唤醒学生已有的思维。在"回忆—对比—想象"的过程中，更是注重对思维的培养和学生学习方法的引导。部编版教材更体现了教育理念已经由教走向学的一个转变。所以，它的预习提示更是搭建了阅读的支架，使语文素养在阅读中得到提高，并且助读系统功能得到发挥。

从课后练习看，有思考探究和积累拓展。思考探究主要是对文章语言、主题内容的探究。这里面契合了新教材双主多元、一课一得的理念。比如《春》的"思考探究"，第一题是通过朗读来体会写景抒情的妙处，正契合单元提示。第二题与预习提示和单元提示相互照应。这两道题都可以作为朗读教学课的学生活动设计。"积累拓展"中的内容正好与单元提示里的"揣摩和品味语言"相互照应。第五题"标出语句中的重音和停连"正是对教学目标中朗读这个要点的巩固运用。

从文本本身思考，这篇文章创作于1933年左右，后多次入选中学教材。在本单元里，《春》是第一篇文章，起到引领导向的作用。这篇文章写于朱自清从欧洲游学回来后，被梅贻琦任命为清华大学中国文学系主任，并且与妻子陈竹隐的感情处于稳定又甜蜜的阶段，那时，陈竹隐正在孕期，全家都在等着迎接小生命。因此，整篇文章充满了童真童趣的温暖的味道，而且全是美好、活力、可爱、希望。文章缜密的情思、美好的修辞、错落的节奏，可以说是中学生学习语言的典范。所以，用朗读这一学习方式，在朗读中感受、想象、品味，深入文本的深处，是这堂课的重心。

这篇文章虽是朱自清先生中年所作，但文字背后却是一个中年男人带着童真童趣的细腻心思的观察和体验。文章通过一个调皮、天真、活泼的小孩的眼睛观察北平这个充满着惊喜、充盈着欢欣的春天。所以，《春》的文字背后具有鲜活而蓬勃的童趣：春天里小草的淘气，春花的美丽，春风如母亲般的温柔……时而热闹纷繁，时而安静祥和，所有的笔触都从儿童的视角出发，由儿童熟悉的生活组成。文章里面的修辞，既通俗，又贴切学生实际经验；里面的用词，如叠词、动词、儿化音等，都是亲切、活泼而明快的；里面的节奏，都切合儿童说话的语气、语腔、语调。

所以，我们应用儿童的视角，带着儿童的经验，去朗读这篇文章，去感受这份意韵，而不是单纯地为品味而品味，就朗读而朗读。如此，我们的朗读教学自然也就多了一份灵动和生机。

由此，我们可以得出，教学方式的选择需要贴着学生的思想，贴着学生的实际。设计教学活动时，在尊重文本、尊重作者创作心境的同时，也要与学生的经验建立链接，尊重学生的独特感受，在教材与学生之间找到平衡点，建立起二者的勾连，从教走向学。这样，核心素养的发展才能成为可能。

三 | 核心素养下的设计观——注重以学为中心

核心素养下的教学设计，应注重以学生为中心，在分析学生学情的基础上，实施情境化策略、活动化策略、深度化策略，把以人为本、以生为本、以学为本的思想体现在教学中。

1. 注重学生的起点与落点

教学的起点和落点当以学生为中心，教学的过程当以学生学习活动为核心。时刻关注学生的学习状态和目标落实，是核心素养背景下朗读教学的关键。

在设计时，我们注意了以下方面。

（1）明晰学生的起点。

初一的学生，无论是学习经验，还是行为心理，都或多或少带有小学时的色彩。

从学生朗读的特点上看，笔者把小学与中学进行了具体比较：在读的方式上，小学习惯于念读、唱读，中学则需要慢慢教会学生学会领悟，并有感情地朗读；在目标上，小学要求读准确、读流利，中学则要求真挚自然、入情入境地读；在朗读技巧上，小学强调读顺、读准、读通，中学则需要借助咬文嚼字，慢慢品味，同时把握朗诵技巧后进行朗读。

（2）知道学生的落点。

通过前面的分析，我们确定了本课教学目标的落点：

①知识能力目标：通过朗读，把握停连、重音。

②情感态度目标：通过反复朗读，理解作者热爱春天、赞美春天的喜悦之情；培养学生对美的追求。

③过程方法目标：通过各种朗读体验，对文本进行理解，形成阅读的能力，能正确、流畅、有感情地朗读。

根据学生的学情和课标、单元目标，我们确定了本课的学习目标：

①我能通过朗读，明白重音、停连的技巧。

②我能揣摩字词，感受自然之美和作者的情感。

③我能通过朗读，把握重音和停连。

2. 注重环节的关联

在设计教学时，我们注重了三个关联。

（1）点与面的关系。点即一个核心任务"朗读中的重音与停连"，并要在朗读中不断感受春天的美。

（2）动与静的结合。教学设计中，方法的讲解要与学生的充分体验结合在一起，既有老师的主导，更有学生的主体性。

（3）深与浅的探求。教学，只有把文本理解得深刻，课堂才可能发生深度学习，才能让学生的体验真实地发生。我们以朗读为路径，外部感受语言美，内在剖析语言背后的情感内涵，真正实现语文目标的纵深发展。

3. 注重策略的运用

（1）引入——情境化策略的运用。

首先出示"春"的象形字" "，并分析其内涵。然后声情并茂地说:"当春回大地,阳光普照,草木萌生,春天也就到了。历来文人墨客都喜欢描绘春天,朱自清先生就写下了这篇《春》。"

这个环节通过象形字、图画创设情境,联系了学生对春天日常情境的感知,从生活角度创设情境,从而调动学生的生活经验,为后面的想象环节做好铺垫。

(2)感悟文章之美——深度学习策略的运用。

朗读教学中,文本朗读是解读文本的基础,学生通过重音和停连这个载体,经历从感知到理解,到感悟,再到深化,最后实现深度学习。这个过程中,深度教学策略的运用,既需要素养导向的学习目标,也要有引领性主体——重音、停连,更要有挑战性的学习活动和持续性的学习评价。深度学习策略的实施在一个个学习活动中并非孤立存在,而是不断地铺成,学生的思维也在不断地螺旋上升。所以,这个过程教师需要搭建一定的"台阶"和"脚手架",帮助学生实现学习目标,从而提升核心素养。

第一个台阶:认知性朗读——走进美。

▶步骤一:出示初中语文朗读要求。

用普通话朗读。
· 正确:读准每个字的字音,吐字清晰,声音响亮。
· 流利:读出停顿,节奏自然,语速适当。
· 有感情:通过轻重、抑扬、停顿等,读出陈述、感叹、疑问等不同语气,有主体情感的参与。

目的:将学习目标可视化,清晰地向学生表达"要学什么""学到什么程度",为学生的学习提供方向性指导,让学习变得一目了然。

▶步骤二:预习检测——读准字音,扫清障碍。

①请一位学生朗读,另一位学生评价朗读效果。

评价标准:是否准确流畅、声音是否响亮。

目的:让学生初步体验。有了前面的情境设置,学生在积极的情感下自主地读、没有任何技巧地读,以调动学生的元认知,并让他们自觉进行自我评价和同伴评价。

②名家示范。

目的：与名家形成对比，由粗放型朗读和感性认知初步明晰朗读好在哪里，标准是什么，从而找到方向，调动学生的朗读兴趣。

第二个台阶：涵泳性朗读——表达美。

目的：由粗放型朗读走向精准化朗读，让学生在理解课文的基础上实现朗诵技巧的融合，从而达到内化于心、外化于形。

▶步骤一：多媒体展示。

要求：声音响亮，身姿端正，仪态大方；发音吐字准确清晰，力求顺畅流利，全身心地投入，感情充沛，读出文章感情；初步掌握一些朗读技巧，将阅读感受传达给他人。

▶步骤二：朗读指导。
①指导朗读课文第1段。

盼望着，盼望着，东风来了，春天的脚步近了。

问题：读这一段应该带着怎样的感情来读？

预设：叠用两个"盼望着"，突出"盼"，语气逐渐加重，表达了急切的向往之情。短短几个字就将作者盼望春天到来的迫切而又喜悦的心情表现出来。"脚步近了"，用拟人，使人感到亲切、欣喜。

小结：朗读时，可以把自己当作作者，把朗读课文当作一种主观化的表达，把盼望春天、呼唤春天、触摸春天的无比喜悦的心情表现出来。

目的：在朗读的过程中，朗读者需要获得对朗读情感的理解和具体感受，把朗读的感受再次唤起，也就是见文生情。此步骤看中有想，想中有读，读中有看，这是朗读需要进入的第二重境界——理解内容和感情。

②学习重音和停连。

重音：朗读时，为适应传情达意的需要，对语句中的某些词或短语以重读的形式加以强调，一般用着重号标示在词语或短语的下面。例如：

山朗润起来了，水涨起来了，太阳的脸红起来了。

春天像刚落地的娃娃，从头到脚都是新的，他生长着。

停连：指朗读中声音的中断和延续。声音的中断即停顿，声音的延续即连接。停顿，用"∨"标示在词语之间的上方，句中有时也有小停顿；连接，用"∧"标示在词语之间的上方，表明为了表达的需要，在此处要一口气连贯地读下来，有标点也不停顿。例如：

坐着，∨躺着，∨打两个滚，∧踢几脚球，∧赛几趟跑，∧捉几回迷藏。风∨轻悄悄的，草∨软绵绵的。

重音和停连一起的，如：

盼望着，盼望着，东风来了，春天的脚步近了。

重读"盼望"，是为了让读者感受到作者在静静地等待春天的来临。重读"来""近"，是为了表现当春天真的来临时，作者内心的激动、惊喜。在"来了""近了"前面停顿，是为了让读者感受到春天来临是有一个过程的。

又如：

小草偷偷地从土里钻出来，嫩嫩的，绿绿的。园子里，田野里，瞧去，一大片一大片满是的。坐着，躺着，打两个滚，踢几脚球，赛几趟跑，捉几回迷藏。风轻悄悄的，草软绵绵的。

重读"偷偷"，突出春草在不经意间生长，带来春的气息。重读"钻""嫩嫩""绿绿"，突出春草顽强的生命力。重读"坐""躺""打""踢""赛""捉"这几个动词，用人们在草地上欢快的行为突出春天的生机蓬勃。读"打两个滚，踢几脚球，赛几趟跑，捉几回迷藏"时，句子间连读，语速可以加快，突出春天的力量和生机。

目的：技巧的运用可以促使学生对文本进一步加深理解，也进一步加强学生的感受，从而使朗读内容活动化，提升了学生的逻辑力、分析力，也再现了课文的思想内容。

吕叔湘说:"语文教学一半是科学,一半是艺术。"朗读不是简单地发声,而是创造性的活动,是需要调动声音、情感、技巧的艺术性的创造性活动。

通过朗读,引导学生仿佛真正看到了春天美丽的花朵,闻到春天翻新的泥土气息,听到了悠扬的短笛,触摸到春风的温柔,感受到春风的美好,这需要调动想象力。

第三个台阶:**特别提醒——理解美。**

重音和停连的设计可以有所不同,这个设计是建立在读者对文本的情感把握之上。

意义:此处的交代非常有必要,因为重音也好,停连也罢,都是朗读中的语言技巧,而语言技巧是基于每个人对作品的理解、对情感的把握而习得的,所以内心体验才是关键。

(3)赏析与朗读——活动化策略的运用。

课堂教学中,需要将学生的知识与思维连接起来,这就需要学生动起来。朗读教学属于实践性的教学,需要学生进行实践、体验、感悟、验证、反思,离开学生自己的体悟,知识是无法转化成素养的。

这一课可设计如下活动:

(1)以小组为单位,从"春日图景"中选最喜欢的一幅图,标出语句中的重音和停连。

(2)讨论交流,并说说为什么这样设计。

(3)朗读展示:小组内推选两位代表,一人投影展示并朗读,一人评价。

根据多媒体提示,小组做好朗读准备。

读准字音,读清句子,熟悉课文,这是朗读好的前提;细心体会,理解课文,建立与课文内容相吻合的内心视像,这是朗读好的基础;以情带声,随课文的思想内容与作者的情感轨迹,读出抑扬顿挫,读出轻重缓急,读出作品的美感。

目的：使学生在反复的体验中，充分发挥自主性，学会标出重音、停连，并能说出设计缘由，考验学生对情感和技巧的把握。这一过程注重学生感知活动、操作活动、言语活动的参与，并且具有层次性，有利于知识的掌握、能力的形成、情意的发展，学习的能力是渐进生长和动态生成的。

（4）表现性朗读：创造美——自主性策略的运用。

在朗读教学的最后环节，更多地让学生自主设计，尊重学生的自我认知，让学生自己朗读、自己设计；尊重学生的兴趣，把学习变成一种自觉、自发、自动的活动，同时，在反复体验中，进一步领悟朗读的魅力。然后，美读课文。

多媒体播放：清风流水的音乐，映出花红柳绿的画面，创设优美完整的情境氛围。

要求：音乐产生联想，将自己融入情境中，开启心灵去创造自己心中的春天。

多媒体展示"颂春"部分，并有感情地朗读。

（教师读）春天像刚落地的娃娃，从头到脚都是新的，他生长着。

（女生读）春天像小姑娘，花枝招展的，笑着，走着。

（集体读）春天像健壮的青年，有铁一般的胳膊和腰脚，他领着我们上前去。

（5）总结朗读方法。

问题：怎样的朗读才动人？

明确：发音准确、吐字清晰；深入理解句子或语段（篇章）的内容、情感等（朗读的基础）；掌握一定的朗诵技巧，比如停顿、重音、语速、语调等。

小结：做到声情并茂、引人入胜，你就是最好的朗诵者！

目的：朗读教学除了必要的技巧，关键还在于调动学生自己的想象，仿佛真的看到、听到、嗅到、尝到、伸手能摸到，这样让作品在学生心中活起来，使学生真正把朗读当作一种艺术享受。

四 | 核心素养下的评价观——结果检测变成过程评估

核心素养下的评价,更注重学生学习过程的评价,这可以发生在课堂上,也可以发生在学习过程中。这一过程,更有利于引导学生形成自我激励、自我调整、自我反思。

关于朗读教学过程中的评价,针对本堂课,笔者有以下思考。

1. 自我评估,注重反思

在课堂教学的过程中,根据课堂的搭建台阶,每个流程的标准都不一样。因此,在教学中,我们要注意标准的制定,注重学生的自我评估。量表展示如下。

阶 段	标 准	我完成得很好	我能够完成	我还需要改进	改进的地方	如何改进
自读阶段	读准每个字的字音,吐字清晰,声音响亮。					
学习阶段	做到看中有想,想中有读,读中有看。					
学习技巧	能根据文章意思,标注重音和停连,并知道标注的原因。					
小组合作	能与小组合作,共同完成重音停连,能做到互相配合,分工明确。					
展示阶段	以情带声,随课文的思想内容与作者的情感轨迹,读出抑扬顿挫,读出轻重缓急,读出作品的美感。					
创读阶段	能做到声情并茂、引人入胜,发挥想象,感染听众。					
课后延续	喜欢朗读,并能自觉朗读。					

2. 同伴评价，互相启发

本堂课有几次同伴评价，先学后教阶段，同伴进行评价；在小组合作阶段让学生互相合作，分工展示；创读阶段，需要学生进行展示。

在这些阶段，教师需要给同伴提出要求：评价同伴的时候，先肯定优点，再提出建议，并且在同伴一遍又一遍的朗读中，互相学习，互相启发，把朗读引向深处。

3. 教师评价，需要提升

教师在课堂的学习过程中需要观察学生的学习状态，多用鼓励性语言，注重阶梯化指导和差异化要求，并提醒学生注重标准。同时，教师的评价语言需要有引导和拔高的功能，因此，教师的评价重在提升学生的朗读层次。

对于本堂课，笔者的建议如下：

第一，本堂课以重音、停连为核心任务，应该让学生把握策略性的知识。比如，用比一比、换一换、辨一辨的方式，突破难点，从而促进学生懂得迁移运用。

第二，评价方式多样化。比如，师读生评式、一读多评式、一读全评式、评价重构式等，丰富评价方式。

第三，课堂需要后续跟进。课后可以采用表演或者创意读等方式，把朗读变成乐趣，真正把朗读进行到底。

笔者相信，当教师真正基于核心素养进行朗读教学时，学生的能力会在学习过程中真实地生长！

说课：
基于核心素养下的说课实践
——以《昆明的雨》为例

说课，能提升教师的理论水平，能增强教师驾驭教材的能力，也能提高教师的语言表达能力。说课，成了教师的一项基本功。教师该如何说课呢？下面以《昆明的雨》为例进行说明。

此次活动由三人构成：笔者说课，教学设计是兼善中学蔡家校区的甘霞兵老师，一人评课。

一 | 引入——争取引人入胜

对于说课的开头，引入语是敲门砖。俗话说，良好的开端，是成功的一半。引入语最好能引人入胜。于是笔者设计了以下开头：

雨是诗人的眼泪。古人喜欢用雨雾茫茫来表达孤独与幻灭，以冷雨萧萧来传达凄凉与漂泊，以风雨澎湃来表现血腥与险恶，以雨声渐沥来拟写悲苦与惆怅。而汪曾祺笔下的雨是明亮的、丰满的，是饱和的、旺盛的，是浓绿的、令人动情的。文中看似写雨，其实细描了一幅赏心悦目的风土人情画卷。

二 | 说教材——说清文章理解

说课说"教材",直接反映了说课者对教材的理解程度,也影响着后续教学目标的制定。因此,说教材需要深入分析文本在教材中的位置和地位,不能蜻蜓点水,要说出自己的理解。

可以这样说教材:

一、教材分析

《昆明的雨》选自《汪曾祺全集》第三卷,是汪曾祺的散文代表作之一。作者对昆明有着深厚的情结和特殊的感情:昆明除了是他的第二故乡,还有青春的梦想和脚步。他在昆明生活了7年,在这里,他不仅接受了良好的高等教育,还结识了许多师长和朋友,并认识了和他一生相濡以沫的爱人施公卿。所以,作者对昆明魂牵梦萦的情愫让他年近古稀仍千里迢迢来昆明寻觅青年时的足迹。因此,作者对昆明的爱并不是简单的思念,寄托的感情是厚重的、细微的。他的描绘,平淡中饶有趣味,不饰雕琢,行云流水般自如,俗世生活在他的笔下摇曳多姿,不俗而有韵味。

二、教材地位

《课标(2022)》在"文学阅读与创意表达"中说:"本学习任务群旨在引导学生在语文实践活动中,通过整体感知、联想想象,感受文学语言和形象的独特魅力,获得个性化的审美体验;了解文学作品的基本特点,欣赏和评价语言文字作品,提高审美品位;观察、感受自然与社会,表达自己独特的体验与思考,尝试创作文学作品。"基于这样的阅读指导思想,笔者分析了本篇文章的教材地位。

这篇文章是统编教材八年级上册第四单元的一篇自读课文。统编教材在七年级上册已经有了一个散文单元,所以本单元的单元目标在七年级的基础上提升了要求:体会文章表达的情感,理解作者对生活的感悟和思考,丰富自己的精神世界;了解不同类型的散文特点,赏析散文在写法上的独特之处；反复朗读课文，品味、欣赏各具特色的语言，培养对散文语言的赏析能力。而本课是一篇写景抒情文章的自读课文，我们需要通过自读培养，给予阅读方法，从而领会作品的情思，培养审美情趣，达到丰富精神世界的目的。

三 ┃ 说目标——说出层递阶梯

说教学目标的时候，不仅要说出制定依据，而且要说出目标的逐层递进性，因为目标不是孤立存在的。

可以这样说目标：

根据新课标的要求，结合该课的特点以及所教班级的实际情况，笔者制定了如下教学目标：

（1）知识与能力目标：自主积累词语。正确、流利、有感情地朗读课文。背诵自己喜欢的段落。

（2）过程与方法目标：理解课文内容，品味文中语句，体会作者对昆明的雨的思念。

（3）情感态度与价值观目标：理解人文内涵，体会作者丰富而醇厚的内心世界，从而爱自然、爱生活、爱平民百姓。

四 ┃ 说教学重难点——说清确定缘由

教学重难点是根据教学目标和学生学情确定的。因此，在说教学重难点的时候，说出这样确定的缘由尤为重要。

可以这样说教学重难点：

笔者针对《昆明的雨》确定的教学重难点如下：

（1）重点：理解课文内容，品味文中语句，体会作者对昆明的雨的思念。

（2）难点：体会散文"形散神不散"的特点。

学习散文就是引导学生学习作者表情达意的语言，本文语言口语化，但意蕴深厚，值得细细品味。所以"理解课文内容，品味文中语句，体会作者对昆明的雨的思念"成了本课的重点。

本文应该称得上是散文的典范，文章围绕"昆明的雨"娓娓道来，由一幅画引出，再引出代表性的菌、果、花、树等，写杨梅和缅桂花，写到了昆明的人，最后以怀旧诗收束。整篇文章外形是散的，但内核是集中的，如何让学生理解作者这种看似闲散而整合后却又精致的表达的特点将是本文的难点。

五 | 说学情——说清分析和把握

说学情在说课中是必不可少的，而我们主要从学生的思维特点、认知习惯、已有生活经验和学科经验、兴趣特点等进行分析和把握，将其说明白，说透彻。

可以这样说学情：

一、时代氛围的差距

在当前这种快速的文化氛围和网络文化盛行的时代，孩子们容易形成一种"快餐胃口"，即对一篇文章可能初读有兴趣，但是这种吸引力不是源于文字本身的魅力，而是人本能的猎奇的心理；再读时学生是否真正愿意去深入地了解汪曾祺文章的"初读似水，再读似酒"的特点呢？

二、情感理解的差异

汪曾祺大学时在昆明生活了7年，而这篇文章是他40年后才写的，文字里的这种经历了岁月浮华、洗去纤尘之后的对昆明这个人生重要成长之地的淡淡的愁，和学生有着时代和岁月的隔膜，学生能够深入地理解吗？

六 | 说教学法——说出因地制宜

教法和学法最能体现一个老师的教学特色和教学思想。老师采用的教法和学法，不可能"放之四海而皆准"，更不可能今天适合这个班，明天适合那个班。说出因地制宜的、有自己特色的教法和学法，是这个环节所需要的。

一、教法

因为有了前面的分析，笔者设计了以下教法。

（1）情景创设法，即预设情境，引导学生思考，激发学生的学习动机。

（2）品读鉴赏法，即带领学生在品读中不断鉴赏文本的韵味。

（3）读写结合法。读与写在语文教学中相辅相成，互相促进，让学生课中批注，边读边思边记，实现以读促写、以写促读。

王君老师说："你的教法就是你的活法。"情境创设是语文课堂由抽象走向具体的关键；品读鉴赏法是语文品味语言的关键；读写结合法是语文课堂由课堂外生到内化的过程。

二、学法

以新课标中"立足学生核心素养发展，充分发挥语文课程育人功能"为指导，帮助学生发现问题、分析问题并动手解决问题。笔者准备让学生在合作中积累学习方法，在探究中鉴赏文本语言，在体验中感悟作者情感，在思考中熏陶价值理念。总之，教学中努力为学生营造和谐、平等、愉悦的教学氛围，建立亲密、友谊的师生关系，培养学生自主、自信的学习品质，让学生的心灵之花在课堂尽情绽放。

笔者确定的学法是：

（1）圈点、勾画、批注；

（2）自主合作探究。

七 ｜ 说教学理念——说出教学特色

说课与讲教案的不同之处，就是说明为什么这样教。所以，在说课中，一个老师的教学理念就是其根本、特色，因此，说教学理念不是说现代教育理论，而是理论与实践的结合下，说自己的教学思想和特色。在《昆明

的雨》说课中,可以这样说教学理念:

本文把俗世生活写得妙趣横生,把柴米油盐写得有滋有味,而且处处流淌着文人雅士的情调。学生可以"沉醉",但课堂不能"散乱",条理清晰、教学有序是课堂有效、高效的策略之一。学生的学习离不开教师的引导。"道而弗牵""不愤不启"是课堂教学的行动指南。"注重情感体验,有较丰富的积累,形成良好的语感"是课标的要求。赏是课堂教学的主线。学生是课堂的主人,引导学生走进文本,所以笔者确定的是:以学定教是课堂教学的根本,文本探究是课堂教学的主线,构建初读、解读、深化、创生的立体课堂是目标。

八 ｜ 说教学过程——说透设计意图

说教学过程是说课的重头戏。教师在说的过程中要注意从整体构思到设计环节,再到设计意图,尤其是要说清楚这样设计的原因和根据——这是说教学过程的重中之重。

如果说课是纸上谈兵,那么上课就是实战演练。下面是笔者针对《昆明的雨》的推演实战。

一、教学课时

1课时。

二、教学过程

1. 谈话导入,揭示课题

(1) 同学们,春天的雨给你留下什么样的印象?(学生各抒己见)

【设计目的】生活就是语文,这一问一答,直接入题。引导学生关注生活,充分调动学生已有的生活经验,感知生活的情趣,从而为后面探究昆明的雨埋下伏笔。

(2) 昆明是个四季如春的城市,昆明的雨会是什么样的呢?今天我们就随同作家汪曾祺一同来欣赏课文《昆明的雨》。(板书)

[...]文题你明白了什么？

[设计目的]...，聚焦学生情感的思维和散文的神韵。

[...]勾画出饱含作者情感的词语。

[设计目的]引导[学生]熟悉课文，聚焦情感的词语，为后面领悟情感做铺垫。

（2）请同学们默读课文。这是一篇优美的散文，40年前作者到过昆明，这篇文章写出了作者对昆明雨的怀念，请同学们思考，文中写了雨中的哪些景物？

预设：仙人掌、菌子、杨梅、缅桂花、木香花。

[设计目的]引导学生走进课文，落实课标中"阅读是搜集信息"的要求，对课文有一个整体感知，了解课文写了些什么。

3.赏析美文

（1）（学生活动）画出你认为最美的句子，并想想它美在哪里，赏读给同学听，谈谈你为什么喜欢它！

格式：我读了……这个句子，我感到……

提示：从词语角度赏析；从修辞角度赏析；从情感角度赏析。

[设计目的]这是本堂课一个非常重要的环节，对引导学生合作交流也至关重要。因为语言是一个生命体，语言就是思想，语言就是文化。正如汪曾祺所说："使用语言，譬如揉面。面要揉到了，才软熟，筋道，有劲儿。"而这个过程就是要力透纸背，去挖掘和玩味这些语言背后的味道。

比如中吃不中看的干巴菌，乍一看，叫人怀疑是否能吃：颜色深褐带绿像牛粪，而且是半干的；像马蜂窝，还是被踩破的，里头还有许多草茎、松毛，而且是乱七八糟的。如此不好看，堪称难看的干巴菌，稍微撕成丝，随便与青辣椒同炒，味道却让人张目结舌。还有苗族小姑娘戴一顶小花帽子，穿扳尖的鞋，坐在阶石的一角，不时吆喝一声，声音是娇娇的，那种苗族女孩特有的风貌和娇羞惟妙惟肖地就出来了。卖缅桂花的房东，那种害怕别人摘花又送花的内心冲突，怜惜花的质朴情感，在一片氤氲的花香中让人心里瞬间软软的，拨动了心灵中那根柔弱的心弦。所以怎能不说作者的语言里有一种娴熟的内在节奏和流动呢。

如此才能在读中习得语言、领悟情趣。读的过程既是学生合作交流的过程，也是教师引领提升品读能力的过程，还是学生积极主动的思维、情感活动的过程，更是生生、师生互助加深理解体验、受到情感熏陶、获得思想启迪、享受审美乐趣的过程。

（2）文章写"雨季"表达了作者怎样的思想感情？

预设：①文章开篇点题，围绕"雨"，突出"想念"二字。

②作者先描写了昆明的雨季，表达了作者对昆明雨季的怀念，然后表达了自己由雨而生的淡淡的乡愁。

【设计目的】这是为了把前面赏析的内容再次进行聚集，把学生思想再次融进了散文的神韵里。通过层层铺垫，再次把情感融进了作者对昆明的深厚的情感里。

4. 感悟美文

（1）本文的情感线索是什么？

预设："我"对昆明蕴含有浓浓的乡情。

【设计目的】《昆明的雨》开头一句"我想念昆明的雨"，结尾又一句"我想念昆明的雨"，成为文章的一条感情主弦，奏响了"昆明的雨季是明亮的、丰满的，使人动情""昆明的雨季，是浓绿的"主旋律；将昆明雨季盛产的菌子、杨梅、苗族女孩子"卖杨梅"的娇声吆喝声，盛开的缅桂花，"我"在莲花池边小街上的小酒店与同学午后的小酌，拟为跃动的音符，鸣奏出一曲蕴含淡淡乡愁的"春城雨曲"。这样设计的目的是将本文的情感进行升华，深刻感悟作者的"昆明情结"，这个情结对一个正在形成人生观和世界观的青年学生来说，影响是深刻的。当作者步入回忆人生的年纪时，正好迎来他文学创作的旺盛期，"昆明情结"便自然从他饱经沧桑的人生历程中凸现出来，从潜意识里泛滥出来，流淌在文本里，成为亲切而温馨的往事回忆。这样也便于学生理解。

（2）学生活动：请以本文为例，在兼善中学校区内找出一到两种景物，口述你所蕴含的兼善情结。

【设计目的】汪曾祺说："我想把生活中真实的东西、美好的东西、人的美、人的诗意告诉人们，使人们的心灵得到滋润，增强对生活的信心、信念。"当一个作家的作品中表达着热爱自然、热爱生活、热爱平民百姓的时候，他更多的是把这份爱融进自己的血管里。所以，这个环节就是培养迁移运用的能力，将昆明的雨中的文化延伸到身边的"兼善文化"，化为一种真正的"兼善情结"。

5. 作业布置

（1）再次朗读课文，体会作者对昆明雨的喜欢之情。

【设计目的】作者的思亲怀乡情感得到了进一步升华。最后的自由朗读课文，升华了学生的感受、体验，使学生受到人文情感的熏陶。

（2）写下你口述的作文。

【设计目的】从阅读训练转化到写作训练，将思维深化，将情感升华。

九 ｜ 说板书设计——注意具体亮点

说板书设计时，教师要注意板书的具体顺序，并说出原因、好处，尤其是亮点，最好是边说边板书，突出说课的板书。

可以这样设计：

各位评委，说罢教学设计，再来说说板书设计。

首先，用一朵花的形式展示"形散而神不散"的特点，这样的板书把课文简要、直观、形象地反映了出来，让学生对学习的目标、内容一目了然。它形象、直观地展示了散文的特点，从而有意识突破难点。

其次，突出了训练重点，突破了教学难点。整个过程，教师引导学生走进文本与语言对话、与作者对话，生生互动、师生互动；引导学生自主学习、合作探究，在潜移默化中使学生受到美的感染与熏陶，使听说读写训练真正落到了实处。至此，语文的工具性和人文性得到了和谐统一。

十 | 说结束语——达到余音缭绕

说课的结束语，就像文章的结尾，需要余音缭绕，不绝于耳，达到留下深刻印象的目的。这就需要设计新颖，内容前后照应，升华深化。

结束语可以这样说：

《昆明的雨》看似写雨，其实描绘的是一幅画中的故事，一段怀恋的时光，一份由雨而生的淡淡的乡愁，以及陶醉于雨中美景的闲适恬淡之感。作者对昆明的雨一往情深，其中有喜爱、留恋、怀念，有对一去不复返的时光的感叹与惆怅，更有一份怀乡的情绪。

写不完的人间草木、读不够的喜怒哀愁、记不住的风雨黄昏、品不完的花儿与美味、遮不住的乡愁、流不尽的悠悠岁月啊！

当然，说课的关键还是要说出自己的特色。给人耳目一新的说课，才会有灵动的生命力！

评课：
品课就是品人生
——以席小霞老师的《短歌行》为例

好课如好文，顺课堂之肌理，能感老师之品格。听了席小霞老师的《短歌行》一课，笔者想到了三句话："把课堂演绎成一篇文章，用文章表达出一种思想，将思想蕴涵于环节之中。"课堂的境界有三重，第一重是落实有效的知识，第二重是发掘知识的魅力，第三重是融合生命的课堂。而这堂课让笔者感觉自己不仅是在品课，更是在品文章、品曹操、品生活、品人生！

一 | 从独到精确的文本解读到知人论世的个性思考

文本的切口能体现老师的个性和功力。本堂课先是定调子：评价曹操——你眼中的曹操。席老师把文本的切口定在"找出诗中情感色彩最浓的字眼"，并提示从"忧"字入手。

"忧"是整篇诗歌贯穿始终的字眼，"忧"让大家看到了曹操的另一面：对人生苦短的忧思和对求贤不得的苦闷忧思。学生从领悟曹操的思绪，上升到对"知人论世"的见解，最后内化成自己的见解。这些环节层层深入，步步逼近。

这样的课堂自然具有高屋建瓴的气势，也自然有了实现古典诗歌教学的价值和意义。

二 ｜ 从"浮光掠影"的浅层体验到"入木三分"的深层阅读

决定课堂成败的是学生是否获得真切的体验和感悟。席老师懂得学生阅读体验的规律和循序渐进的层次，从学生的视界到文本视界、作者视界，再到读者视界，让学生建构知识、获得智慧、提升能力。比如，先以学生读、老师范读、学生个别抽读的形式，还原了阅读教学的本质，这是初读感知；然后透过文本进行深层次的阅读，文本分析时抓住诗词中的关键性字眼和典故，进行细处鉴赏；最后"知人论世"，进行了总结深入。整个体验先顺藤摸瓜，然后抽丝剥茧，最后水落石出，实现了学生的深层阅读。

从席老师的几个提问就可以看出引导的高超之处："你眼中的曹操是什么样的人""诗中情感色彩最浓的字眼是什么""用什么手法表现自己的忧""曹操的忧为什么如此深沉""为文学中认识的曹操写一段文字"。提问环环相扣，循序渐进，最后实现了完美的升华。

从浅层中来，到深层中去，从人与文本的对话、人与他者的对话，到人与自己的对话，从你眼中的曹操到学习文章后为文学中的曹操写文字，首尾呼应，浑然一体。

三 ｜ 从文本的本位丰富到课外的深度延伸

席老师围绕文字、文学、文化与言语始终进行交接、碰撞、交融，始终未脱离文本，未脱离对曹操内心世界的探讨。在深入文本的同时，也注意了课外材料的补充延伸。

比如，在曹操"政治上最得意的一笔，军事上最成功的一仗"颇有争议后引入"最没有争议的是文学成就"，多方面了解曹操，也顺水推舟地引入到主题。在细读鉴赏中，引用《长歌行》《诗经·郑风·子衿》，介绍几个典故增补曹操的《蒿里行》《龟虽寿》《求贤令》来升华主旨，让课堂的广度得到扩展，让课堂的深度得到延伸。

四 | 从教学的遗憾欠缺到教学的日趋完美

当然，任何课堂都有不完美的地方，遗憾是课堂永恒的主题。比如，这堂课中，如果能注重学生的创造性阅读，多一点学生的个性化和创造化阅读理解，能够以品促读就更好了。

古人把读书称为"煮书"，慢慢煨，细细品，用心悟，在品中增加浓浓的语文味，并且以疑启思。因为有疑问，才会有思考；有思考，才会有发现；有发现，才会更深入。本课通过学生对文本进行深入挖掘，才能更好地体现学生的自主性和探究性。

当然，有了教学的遗憾、欠缺，才会有超越的空间，这是每个教师让教学趋于成熟的不竭的动力。

感谢席小霞老师让我们体验到课堂生命的厚度和境界！

议课：
文言文教学如何突围
——《于家训中见家风》听课有感

议课其实是评自己，议课，就是议生活、议人生。人只能看见自己想看见的，而议课的目的不是点缀，而是自省。议课者扮演着两种角色：一是热情的参与者，二是冷静的旁观者，用虚静的心实现与授课老师的视域融合。议的是课，照亮的却是未来的路。

文言文教学总是容易陷入一种老师教得苦、学生学得累的困境中。如何能够实现文言文教学的妙趣横生呢？如何能够实现应试与素质齐飞，人文和工具同色？该怎样突围？

一 | 吹尽黄沙始现金——文言文教学的目标达成

文言文教学，仅仅是实现字词的理解、文章的理解吗？笔者认为，目标就是灯塔。徐艳丽老师在执教《于家训中见家风》时便从以下三个方面设定了目标。

（1）成果性目标。《课标（2022）》要求："阅读浅易文言文，能借助注释和工具书理解基本内容"。这堂课给我们呈现了看得见的中考要求：课外文言文的读法、考法，并给予方法。

（2）过程性目标。这堂课呈现了这样的过程：整堂课都在浓浓的家风家训中，在文言的氛围中，学生在熏陶渐染中，获得了宁静专一的状态，理解了厚德笃行、责任担当，学会了珍惜时间、生活节俭，谦虚恭敬的家风也在文言的体验中渐入心中。

（3）创造性目标。这堂课的价值，不仅仅是上课一阵子，更多的是受用一辈子。这堂课在孩子们心中种下了一颗种子，此时看不到，彼时，开了花，必定芳香扑鼻。时间是证明家风家训传承的最佳方式，就像酒，在时间的摇篮里酝酿，越久越醇香。

二 ｜ 淡妆浓抹总相宜——文言文教学的内容立体

教学内容的确定是根据编者意图、文本特质、学生学情、教师的个性来确定的。

现在的文言文教学：重字词，轻文章诵读；重课文分析，轻情感感悟；重课内，轻课外。所以教师教什么比怎么教更重要。借用王荣生老师的观点，文言文教学要做到一体四面，即文字、文章、文学、文化要相辅相成。

一些教师教学文言文时，会处理成第一堂课教字词，第二堂课教文学、文章、文化。这样是不是"言文结合"呢？真正的"言文结合"不是"言"和"文"的一次性完成，而是"言中有文，文中有言"，在"言"与"文"中穿梭，并循环反复。

本堂课关注了言的积累。文言文的特点体现在文言上。学习文言文，前提是学习文言。课堂中的每个材料，都注重了文言的积累，调动了孩子的生活积累、经验积累，同时选择的言是有生命力的，这样有助于对文章的理解。孩子们在语境中碰撞，在探究中理解，在理解中积累。

本堂课关注了文章。学习文言文，就是要学习其中的所言之志、所载之道。比如，徐老师要求孩子们去探究《诫子书》中诸葛亮给了儿子怎样的谆谆教诲，他到底是一个什么样的人，这就是关注文章。

本堂课关注了文学。文言文是文与言的载体。通过对章法的考究和炼字炼句，以实现向文本更深处漫溯。在这个方面，本堂课稍显薄弱。

本堂课关注了文化。文化是文言文多层面的体现。文言文通常会传达天文地理、民俗风情、情意思想。而这堂课，于家训中识家风，对家风的解释、家训的传承，便是对文化的传承与反思，这堂课在这一点上做得尤为突出。所以我们既要关注言，也要关注文，实现文化的传播和传承。程红兵老师说："教师的文化自觉决定了课改的成功与否。"教育就是文化的传承，课改就是更好地实现优秀文化传承的手段，语文老师对此责无旁贷。

三 ｜ 涵泳欣赏意味长——文言文教学的能力

文言文和学生之间有隔膜，首先表现为学生对文言语言的畏惧感，其次表现为对文化情感的疏远感。

从文言文到白话文的转换，不仅仅是符号的转换，更是学生思维的转换。"猜"和"推知"是读懂文言文重要的能力，教会学生习得这种能力，教学上才能带来多样性，才能实现教学的趣味性。

这堂课，无论是略读法，还是联想法，或是推断法，都是为让学生自己真正看懂文言意思而服务——教学生抓关键词，联系实际，联系上下文，并举一反三；教学生咬文嚼字，悟出规律，能举一反三。文言课堂中"嵌入"的文言语料，是循序渐进地让学生自然地接触文言；出示的材料按照年代进行，是层层递进，贴着学生的心走，让学生"入乎其内，出乎其外"。徐老师还做到了讲一篇而感知一类。

文言文中还有人文性。我们不能把文言文"支离破碎"了，这样便没有了美感。所以，文化的底蕴，精神的熏陶，不可缺少。这堂课中渗透的文化是，"一家仁，一国兴仁；一家让，一国兴让"，家是最小国，国是千万家。家风正，则后代正，则源头正，则国正。同样，少年志则国志，少年强则国强。这是人格的塑造、精神的熏陶、底蕴的培养。这就是本堂课的价值所在。

四 ｜ 无限风光在险峰——文言文教学创新意识

文言文教学要敢于对文本特质进行拓展，这也是实现从群文阅读到整本书阅读，再到海量阅读的递增。王君老师说："你的教法就是你的活法。"陈日亮老师说"我即语文"。那么，什么是理想的课堂？理想课堂有三重境界：一是落实有效的教学框架，二是发掘知识的内在魅力，三是实现知识、生活与生命的共鸣。从这三个方面来看，这堂课做到了创新。

当然，笔者认为这堂课也有一些不足：

第一，文言文教学还需要读得更深入。语感的形成、文字的揣摩都需要诵读，我们可以在辩词析句的地方读，梳理文章思路时读，结合文义读，甚至还可以读出感情，读出特色。

第二，文言文的文本溯源。溯源导读法，在文本的提升处、学生疑难处、章法考究处和炼字炼句处，还可以深入探究，深入文字背后的情感和拓展，达到真正触类旁通的作用。

第三，本文的课堂结构还可以调整为：

解家训——什么是家训；

赏家训——家训不同点；

悟家训——家训背后；

思家训——引导今天。

当然，实现文言文的突围，最后的目标是实现实、活、情、趣，以及文言、文章、文化的统一。

议课，是为了自省。公开课的价值是让青年教师掌握规范，让老教师超越规范。公开课也是创新的实验田，是一个人成长的爆破点，最后实现语文教师成长的突围，这才应该是议课的真谛。

磨课：
课堂的重心是突破难点之实
——记"用比喻描写外貌"磨课

一 | 初次备课

教学目标
（1）能够运用比喻进行外貌描写。
（2）能够抓特征并用比喻进行外貌描写。

教学重点
如何用比喻写出人物的神韵。

教学难点
引导学生进行重点的发散。

1. 引出

用儿子写的两段文字对比进行。

师：昨天晚上，为了和大家见面，我让还是小学生的儿子写了一段文字。

我的好朋友轩轩，他有着椭圆的脑袋，大大的眼睛，扁扁的耳朵，弯弯的嘴巴，向外突出的牙齿，胖胖的肚皮，长长的手，有力的脚，真是可爱极了。

我的好朋友轩轩，他有着西瓜一样的脑袋，亮而黑的像大葡萄的眼睛，小风扇似的耳朵呼哧呼哧地动，胡萝卜一样的鼻子，火腿肠一样的嘴巴，凹凸不平的牙齿还掉了两颗，像开了两个窑洞。皮球一样的肚子一直挺着。两根莲藕一般的手，又短又粗。如同木棒一般的腿，粗而有力，真是可爱极了。

2. 定格

（1）外貌描写写了哪些？（出示PPT）

面容：五官（眉毛、眼睛、鼻子、耳朵、口）、脸、头、胡须、头发、下颌、痣、脸色、神情。

四肢：手脚、脖颈。

衣着：样式类型、色调搭配、服饰。

体型：高、矮、胖、瘦。

姿态：站、坐、走、跑等。

（2）找出用比喻描写外貌的词语。（出示PPT）

（1）羊角辫　蝴蝶髻　刺猬头　白发如银　鹤发童颜　白发如霜　乌发如云

（2）鹰钩鼻　酒糟鼻　蒜头鼻　狮子鼻　鼻似弯钩　挺鼻如峰

（3）虎背熊腰　瘦骨嶙峋　骨瘦如柴

（3）找出用比喻描写外貌的句子。（出示PPT）

（1）他的眉毛时而紧紧地皱起，眉宇间形成一个问号；时而愉快地舒展，像个感叹号。

（2）他的耳朵白里透红，耳轮分明，外圈和里圈很匀称，像是一件雕刻出来的艺术品。

（3）她那张小嘴巴蕴藏着丰富的表情：高兴时，撇撇嘴，扮个鬼脸；生气时，撅起的小嘴能挂住一把小油壶。从这张嘴巴说出的话，有时气得让人火冒三丈，七窍生烟，有时又让人忍俊不禁，大笑不已。

（4）我的小头长脸像母亲，浓眉大眼像父亲。还算白净的脸上有许多褐色的雀斑。

（5）李老师有一头漂亮的头发，乌黑油亮，又浓又密，她站在阳光下，轻轻地一摇头，那头发像擦了油一样。

（6）他瘦得很，好像骨头比肉多。那双与身高极不相称的大脚丫，勾着一双比脚还大的天蓝色拖鞋，两条像仙鹤一样的长腿从凳子上垂下来，一条压着另一条。两眼眯成一条缝，书里的知识就是从那一条缝里被"吸收"进去的。

（7）她看起来13岁左右，一头乌黑柔软的头发，梳着许多根又细又长的小辫子。雪白的瓜子脸，细长的眉毛下闪动着一双乌黑发亮的眼睛，流露出聪颖的光芒。

3. 方法

师：亲爱的同学们，钱钟书曾说"比喻是文学语言的擅长"。这话有理。可以说，在写作实践中，谁要是擅长用比喻，谁就掌握了写作的主动权。同学们在写作文时，也要巧用比喻，让笔下的人物鲜活而富有美感。

（1）关注整体——抓特征。

师：我们请两位同学上来，大家描绘一下他们的外貌特征。

（2）关注局部——描神韵。（出示PPT）

老师那瘦瘦的脸上有一张能说会道的嘴，从嘴里蹦出来的话语总是那么生动、流利，像一架永不生锈的播种机，不断地在学生心里洒下理想和知识的种子；又像一把大扫帚，不停歇地将学生心灵上的灰尘扫落下去。

这道目光就像一把锃亮的钢刀刺了过来，又稳又准，击中要害。令你无法动弹，无法躲避。仿佛被催眠术控制住了，你只好乖乖地忍受这种目光的探寻，任何掩饰都抵挡不住。它像枪弹穿透了伪装的甲胄，它像金刚刀切开了玻璃。在这种入木三分的审视之下，谁都没法遮遮掩掩。

师：（提醒）抓住典型的特征进行细化，深化详细地写，其他可以简略地写。

（3）思考喻体——要准确。

师：我的用词准确吗？请大家进行修改。

（4）修改句子——注生动。

师：请大家继续修改，注意修改地生动一些。

4. 创造

作业要求：

（1）选一位熟悉的同学；

（2）用比喻描写外貌；

（3）字数 80 ～ 200 字；

（4）念给大家听，全班来猜是谁。

5. 点评

（1）用笔勾画出同桌的比喻句，并点评。

（2）猜一猜是哪位同学。

结束语：生活是好玩的，善于用比喻的灵魂一定是有趣的！

二 ｜ 磨课思考

第一次实践这个课例的时候，班级很热闹。但是，真正有用的课才是好课，所以，课堂的重心是突破难点，这样的课堂才是有用的、高效的课堂。

1. 突破方法指导——搭建支架台阶

当教到如何用比喻描写外貌的时候，学生说"这个孩子的脸像灯笼"，然后便不知道该如何扩展了。这便是指导上出了问题，方法没有到位。

于是，笔者继续探究，并准备了三个例子：

一个凸颧骨薄嘴唇，五十岁上下的女人站在我面前，两手搭在髀间，没有系裙,张着两脚,正像一个画图仪器里细脚伶仃的圆规。

这道目光就像一把锃亮的钢刀刺了过来,又稳又准,击中要害。令你无法动弹,无法躲避。仿佛被催眠术控制住了,你只好乖乖地忍受这种目光的探寻,任何掩饰都抵挡不住。它像枪弹穿透了伪装的甲胄,它像金刚刀切开了玻璃。在这种入木三分的审视之下,谁都没法遮遮掩掩。

这个出身于名门望族的男子长相粗劣,生就一张田野村夫的脸孔。天才的灵魂自甘寓居低矮的陋屋,而天才灵魂的工作间,比起吉尔吉斯人搭建的皮帐篷来好不了多少。小屋粗制滥造,出自一个农村木匠之手,而不是由古希腊的能工巧匠建造起来的。架在小窗上方的横梁——小眼睛上方的额头,倒像是用刀胡乱劈成的木柴。皮肤藏污纳垢,缺少光泽,就像用枝条扎成的村舍外墙那样粗糙。

选取这三个例子是有原因的。第一个例子是从人物的动作、神态、四肢进行扩展,最后用一个比喻进行总结。

第二个例子是从一个特征,也就是从目光的角度,用多个比喻句进行动态扩展。

第三个例子是把外貌总体特征用一个比喻描写,然后在分支里面用多个比喻进行扩展。

这三个例子的呈现,就是给出了用比喻描写外貌的具体方向和方法,搭建了三个台阶,层层递进,最后总结出把比喻拉长的方法。这样,就突破了难点,使这堂课变得更加实在。

2. 突破时间不够——提问注意准确

学生在写作实践的环节时,笔者担心时间太紧,便用学生探究句子代替了学生的写作实践。

写作的过程是真实过手的过程,而学生在此环节中并没有探究出方法,更多的是老师在代替学生解读,导致讲的时间过多,写的时间太少。于是,阅读体验的时间多过写作体验。

"纸上谈兵终觉浅,绝知此事要躬行。"这个环节如何突破时间不够和学生实践困难的问题呢?

首先,根据前面的"抓特征"讲解一个例子,学生按这类方法扩展后,让另外两个同学进行修改,然后进行第二个例子的深化,"请同学们继续比作其他",通过这样层层递进,不断地深化。最后对三个例子进行深化:"请同学们把他的整个外貌做一个整体的比喻,再进行扩展。"

这样下来,即使后面的环节无法完成,也没有关系,因为落到实处的训练才是真正有效的课堂。

3. 突破概念混淆——做到有的放矢

这堂课的设计中,笔者的重心有两个:一个是"比喻",一个是"外貌"。那么,就需要理清两个问题:

(1)比喻描写外貌是什么?

通过思考,笔者得出答案:从人物的体貌特征(容貌、衣着、神情、体型、姿态等)进行描写,描写时用比喻的词语和句子,突出人物的特点。

(2)用比喻描写外貌时,比喻的本体和喻体之间的关系如果使用不够恰当,怎么办?

对于这个问题,笔者的处理方式是:要求学生从所给的用比喻描写外貌的句子中找出用比喻描写外貌的本体和喻体。

这里的问题是:出示的例子太多,会让学生无所适从,所以,减少句子是关键。

于是,笔者有的放矢,精心找例句,并有针对性地提问:找出本体和喻体之间不恰当的地方。

(1)她的头发很细,像小草一样蜿蜒前行。

(2)她长得很讨人喜欢,鼻子很小,如同一座陡峭的山峰。

(3)他的眉毛像迷雾一样粗。

(4)他的笑容像洒了墨水一样。

这几个比喻句都是不恰当的,有的是大词小用,有的是小词大用。

这个环节考验的是教师驾驭课堂的基本功，所以，每一个问题都需要弄清楚。

三 ｜ 最终教案

教学目标
（1）能够运用比喻进行外貌描写。
（2）能够抓特征并用比喻进行外貌描写。

教学重点
如何用比喻写出人物的神韵。

教学难点
引导学生进行重点的发散。

1. 引出

师：大千世界，茫茫人海，面对一张张鲜活各异的缤纷面孔，画家们用色彩去描画，摄像师们用照片去拍摄。今天我们将用手中的笔去定格。现在让我们一起走进"用比喻描写外貌"。

（1）如何用比喻描写外貌？有什么好处？

师：请看两段昨天晚上一个小学生描写他好朋友的文字。

我的好朋友轩轩，他有着椭圆的脑袋，大大的眼睛，扁扁的耳朵，弯弯的嘴巴，向外突出的牙齿，胖胖的肚皮，长长的手，有力的脚，真是可爱极了。

我的好朋友轩轩，他有着西瓜一样的脑袋，亮而黑的像大葡萄的眼睛，小风扇似的耳朵呼哧呼哧地动，胡萝卜一样的鼻子，火腿肠一样的嘴巴，凹凸不平的牙齿还掉了两颗，像开了两个窑洞。皮球一样的肚子一直挺着。两根莲藕一般的手，又短又粗。如同木棒一般的腿，粗而有力，真是可爱极了。

（预设：用比喻描写外貌能够使人物形象更灵动、更有立体感。）

（2）什么是用比喻描写外貌？（出示PPT）

是从人物的体貌特征（容貌、衣着、神情、体型、姿态等）进行描写，描写时用比喻的词语和句子，突出人物的特点。

（3）用比喻描写时，要注意什么？

师：请找出下面句子中的本体和喻体不恰当在哪儿？（出示PPT）

找出本体和喻体不恰当的地方：

（1）她的头发很细，像小草一样蜿蜒前行。
（2）她长得很讨人喜欢，鼻子很小，如同一座陡峭的山峰。
（3）他的眉毛像迷雾一样粗。
（4）他的笑容像洒了墨水一样。

2. 方法

师：亲爱的同学们，钱钟书曾说："比喻正是文学语言的根本，是文学词藻的特色。""比喻是文学语言的擅长。"这话有理。可以说，在写作实践中，谁要是擅长用比喻，谁就掌握了写作的主动权。同学们在写作文时，也要巧用比喻，让笔下的人物鲜活而富有美感。

那么我们如何用比喻描写外貌呢？

（1）关注整体——抓特征。

师：我们请两位同学上来，大家描绘一下他们的外貌特征。找到他们与别人的与众不同之处。（出示PPT）

找到他们的不同之处。

（2）关注局部——描神韵。

师：请大家观察并总结出描写局部神韵的方法。（出示PPT）

一个凸颧骨薄嘴唇，五十岁上下的女人站在我面前，两手搭在髀间，没有系裙,张着两脚,正像一个画图仪器里细脚伶仃的圆规。

（预设总结出：用人物的动作、神态、四肢等进行扩展。）

这道目光就像一把锃亮的钢刀刺了过来,又稳又准,击中要害。令你无法动弹,无法躲避。仿佛被催眠术控制住了,你只好乖乖地忍受这种目光的探寻,任何掩饰都抵挡不住。它像枪弹穿透了伪装的甲胄,它像金刚刀切开了玻璃。在这种入木三分的审视之下,谁都没法遮遮掩掩。

（预设总结出：从一个比喻句变成多个比喻句进行扩展。）

这个出身于名门望族的男子长相粗劣,生就一张田野村夫的脸孔。天才的灵魂自甘寓居低矮的陋屋,而天才灵魂的工作间,比起吉尔吉斯人搭建的皮帐篷来好不了多少。小屋粗制滥造,出自一个农村木匠之手,而不是由古希腊的能工巧匠建造起来的。架在小窗上方的横梁——小眼睛上方的额头,倒像是用刀胡乱劈成的木柴。皮肤藏污纳垢,缺少光泽,就像用枝条扎成的村舍外墙那样粗糙。

（预设总结出：用一个比喻将外貌综合在里面。）

（3）思考喻体——要准确。

师：同学们在把同学比作什么的时候,观察自己的比喻是否恰当。

（4）修改句子——注生动。

探究后总结结果,PPT展示：

外貌描写从以下方面入手：

面容：五官（眉毛、眼睛、鼻子、耳朵、口）、脸、头、胡须、头发、下颌、痣、脸色、神情。

四肢：手脚、脖颈。

衣着：样式类型、色调搭配、服饰。

体型：高、矮、胖、瘦。

姿态：站、坐、走、跑等。

用比喻描写外貌从哪些方面入手？

关注整体——抓特征；

关注局部——描神韵；

思考喻体——要准确；

修改句子——注生动。

3. 创造

作业要求：

（1）选一位熟悉的同学；

（2）用比喻描写外貌；

（3）字数 80～200 字；

（4）玩一个游戏：念给大家听，全班来猜是谁。

下堂课的任务：

（1）用笔勾画出同桌的比喻句，并点评；

（2）猜一猜是哪位同学。

结束语：亲爱的同学们，我们平时要注意观察生活，注重局部，同时注意喻体的准确性，关注语言的生活性。生活是好玩的，善于用比喻的灵魂一定是有趣的。做一个热爱生活、热爱人生的人吧！

反思：
请让我带着缺点前行
——《叶的随想》课例反思

上了《叶的随想》，笔者感慨万千。从孩子们在课堂上的承诺，孩子们的畅所欲言，孩子们回答的创意中，笔者感受到了一种无所顾忌的酣畅。这可能是因为笔者没有把这堂课当作赛课，而是作为为学生搭建的舞台的原因吧。

教育是一个灵魂唤醒另一个灵魂，是人类集体心灵神秘参与的智慧活动。这堂课后，笔者一直在思考，什么样的课才能让学生得到一种灵魂的唤醒？什么样的课是对学生现在有用，对将来也有益的？

一 | 课堂的起点是学生——从学生兴趣出发

如果我们一厢情愿地按照自己的想法去设计课堂，这样的课的生命力会逐渐减弱，而且整个课堂的主人是教师，而非学生。所以，上课之前，笔者征求了学生的意见：这次的公开课，我们上什么内容呢？笔者给出三个课题和三种思路，让学生来选择。最后，学生选择了"叶的随想"。其实，于个人而言，笔者更偏向于另外一个课题。但是，既然学生喜欢，就说明这个课题更能激发他们的思维。教育的起点是学生，应该尊重学生的意愿。

为什么学生会喜欢这堂课呢？因为这堂课是让他们去野外捡叶子，找自己喜欢的叶子，然后从视觉——你看到了什么（要求：观察叶子的外形）、听觉——你听到了什么（要求：思考与叶有关的声音）、嗅觉——你品到了什么（要求：感受有关叶的味道）、联想——你想到了什么（要求：联想有关叶的故事）等环节开展。

这些环节，尊重了学生的兴趣，给他们选择的自由，这才是真正做到把学生的兴趣和需要放在第一位。

因为，兴趣是思维发展的巨大动力，是学习内驱力激发的最佳媒介。同时，从视觉、听觉、嗅觉、联想的角度激发学生去观察，去实践，去想象。整个课堂充满了生机，让学生真正地参与进来，调动了他们的积极性，开发了他们的好奇心，满足了他们内心的需要，激发了他们用自己的思维去探知教学内容的内在乐趣。

二 ｜ 课堂的过程是学生——从学生参与的广度展开

作文是一个人思想和语言思维综合的体现，所以，这堂课笔者从"望闻问切"的角度层层递进。全班 54 人，其中最终发言者达 47 人，表明大多数孩子能够参与到课堂上来。

好的课堂应该全员参与，这就要求教师的提问要针对不同层次的学生。

课堂上，老师不是主角。不管教学设计得如何精致，只有把学生当作学习的主人，只有让他们亲身感受、主动思考、自我理解，才可能发生真正的学习。因为学习是一个自我感悟和自我理解的过程，知识的转化和思考是任何人都代替不了的。开放性的提问更能让学生处于一种自我、自主、自由的状态，只有学生真正自信了，他们在课堂上才会激越、沸腾，他们的思想与知识才会真正地生根、发芽、绽放！

最让笔者感动的是班上的一个孩子，他的成绩在班级里一直是倒数第一，但是，他的发言中的诗意，却让在场的听课老师都啧啧称赞！还有几个孩子的发言很灵动，给课堂锦上添花，画龙点睛。

所以，课堂的过程始终是学生，我们要时刻关注，时时调整，时时兼顾。

三 | 教学的终点是学生——让学生的激情无限延伸

课堂教学的落脚点，是学生实实在在的发展。

我们让学生从多个角度入手进行了想象，然后通过诗意的语言来放映。学生经历了从感性到理性，再到感性的过程，比如学生从细小的叶子感悟出生活，懂得"见微知著""一叶而知秋"。

当然，这堂课还有很多不妥之处。首先，学生有那么多的精彩回答，笔者未及时进行记录。如果及时记录了，在课堂结尾的时候进行整合，就成了一首完美的诗歌，同时，也能实现目标的升华。

其次，课堂的主体虽是学生，却也不能忽略老师的作用。这可能是这堂课最大的硬伤。有时候，笔者比较注重对学生感性的指导，让学生在熏陶中尝试、领悟。但一堂课里，老师更应该给学生理性的提升，让学生走向深度学习。那么，是不是应该总结出具体的方法指导呢？笔者并不想把语文课上成类似"数理化"的理性的方法指导，也许笔者还需要慢慢去修炼，去探索，去提高吧。然而笔者并不想捡了芝麻丢了西瓜，因为语文课堂有引导，但不能硬拉，有发挥，但不能替代，弱水三千，愿只取一瓢饮。

从文字中来，到生命里去。教师是架起文字与生命之间桥梁的人。用每一堂课的精彩来激励自己，用每一处败笔来反思自己。未来要用一辈子的时间建设课堂、建设自己，用一辈子的时间去思考和实践。热爱生命，热爱诗意，诗意生活，超越自我。请允许笔者带着缺点前行吧！

用体验型教研激活教研组内动力
——记一次语文教研活动

教研，我们的着力点在哪里？大家千里迢迢，满腔热情，来到云南怒江傈僳族自治州支教，如何能够实现从理念到实践的有效落地？怎样能够真正把支教的气力用得"恰到好处"？我们贡山支教团队在海淀区教师进修学校赵杰志副校长的指导下，尝试了体验型备课教研，居然把教研转化成科研，汇聚成欢乐的海洋，团队的乐园！

一 | 轻松聊天坊——了解教研问题

支教，需要入心，这是支教的原点。我们是来促进怒江教育发展的，所以必须走近支教学校的老师，怀着空杯心态，和他们交流，了解他们的真正需求。于是，我们真实地参与到学校的教学和教研活动中去。当我们被信任、被认可、被需要的时候，这里的老师非常愿意把真实的现状、学生的情况、各种问题与我们分享。我们八个人组成的小分队，走入课堂，静心倾听；走近师生，真心倾听；走进专业，用心助听。如此，才能创造轻松愉悦的聊天氛围，创建信任温暖的同伴关系。

交流中，我们了解了贡山教育的基本情况：老师们外出学习的机会比较多，来这里支教的老师也比较多。在这样的环境中，老师们有先进的理念，却缺少实施的条件。教师缺编，暂无固定教研的时间，所以对集体教研，尤其是集体备课，处于散漫、随意的状态。现在迫切需要解决的是：唤醒教研意识，调动教研热情，激活教研动力。于是，我们决定用体验的教研方式，从集体备课开始。

二 | 问卷小调查——懂得教研需求

明确老师们的需求，才能真正地细化落实，并能够有针对性地提供帮助和支持。深入了解老师们的需求，满足需求，才能把教研做到实用上。问卷调查是最便捷的方式之一，数据说话更显科学。

我们设计问卷从年级分布、备课时间、备课方式入手，以了解大家对教研的真正需求。另外，对本次教研的期待和未来教研的方向也设计了相应问题，让老师们既有个人整体感受，也有对过去工作的梳理和总结，同时有对后续工作的展望。

基于此，我们设计了以下几个问题：

1. 请问您是哪个年级？
A. 初一　　B. 初二　　C. 初三　　D. 高一　　E. 高二　　F. 高三
2. 大家的集体备课频次如何？
A. 偶尔　　　　　　B. 有固定时间　　　　C. 临时决定
3. 大家集体备课的方式有哪些？
A. 集体坐在一起　　　B. 办公室临时商量
C. 体验式备课　　　　D. 分任务
4. 您喜欢什么样的培训和交流？（可多选）
A. 讲座型　　　　　B. 交流式　　　　　C. 体验型
5. 您对集体备课有什么样的建议和想法？
6. 对于校本研修，您期待哪方面的教研？（可多选）
A. 现代文阅读　B. 作文　　　C. 基础知识　　　D. 综合性学习
E. 古诗词　　　F. 古文　　　G. 语文考试分数提升
H. 名著阅读　　I. 教师专业成长　J. 中高考考题研究
7. 对于集体备课，您有什么样的期待？

通过调查和数据分析，我们更能科学而准确地了解大家的问题、需求、方向。

从备课时间看，有固定时间的只有22.2%；从备课教研期待看，期待用交流式和体验型的分别占66.67%、61.11%；在备课的建议中，大家希望能够多交流，能落到实处，能结合学生实际，而不是为了完成任务。

因为有了精准的问卷，我们更清晰地明白，备课教研主要从以下方面入手：教研需要落到实处，以学生学情为抓手，给老师们体验、展示和交流分享的平台。

三 | 聚焦微话题——搭建教研支架

教研重在扎实有效，重在激发热情，重在启迪思考，同时，不能高在云端，而要紧贴实际。所以，我们把专题缩小，用话题带动，做到有的放矢——聚焦教学设计模式。同时，根据当地实际情况，将教研时间定为1个小时。

首先，设计"撕纸游戏"初体验。笔者说："请大家把我们的纸分成8份，每一份代表10岁。"老师们很是好奇，纷纷折纸。笔者继续说："请大家撕去您走过的时光。"此时，有的老师开始唏嘘起来。笔者不动声色，继续引导："请大家撕去您退休后的时光。"人群里有老师开始感叹，笔者仍然不做任何评价，继续深化："再撕去您睡觉、娱乐的时光。"当老师们拿着所剩无几的纸条时，情感的体验、内心的振动、心灵的触动已经不言而喻了。

然后，阐释阶梯状教学设计。这个模式，是王荣生老师的教学设计模板，但笔者需要在极短的时间内，给大家阐释清楚，因此需要精选核心部分，并结合老师们的实际，同时又能一目了然。怎么办？笔者绞尽脑汁，最后决定采用"理论构建＋具体实例"，并将运用示范多于讲解。笔者直接给出由起点、终点和学情估量三步阶梯搭建的示意图，并点出具体范例。当这样做后，笔者发现老师们拍照、微笑、点头、默许，他们认可了这个通俗易懂的做法。笔者心中的担忧霎时风吹云散。

四 | 组团体验式——激活教研思维

要想把教研引导到实效，需要在操作中感知模式，在体验中深化认知，动手操作、亲身体验，才能达到效果。

操作体验时，需要组团体验。因为老师人数少，需要进行组合，我们要求老师们尽量以同年级同学段进行组团、组队，并共同选取恰当的备课主题。不一会儿，讨论就变得热烈起来，现场气氛逐渐升温。大家关注着教学设计模式的样本，一起思考"起点""落点""终点"的区别，共同探讨"学情估量""学习活动"结合文本的思考。现场有老师还提出了一个范例中的问题，笔者不禁为老师们的思考力和洞察力惊叹，这就是主动体验的魅力，激活思维的魅力！

支教的老师也参与了分组指导，共同研读文本。大家你一言、我一语，畅所欲言，每一个人的力量和才能都得到发挥。

这场体验和交流是彼此的点亮，互相的碰撞，彼此的互补，互相的启发、碰撞、交融、升腾，在体验中感悟，在感悟中深化，在深化中找到了成就感和价值感！

五 | 成果T台秀——展示教研风采

教研不是缺乏激情，而是需要调动。当每个"团队"把教学设计完成后，接下来就是成果展示。大家分别用个性化的方式介绍自己团队台阶状教学设计，并和成果进行个性合影。

每个组展示的方式精彩各异：介绍时，有的是一人介绍，有的是两人"双簧唱"，有的是分工合作，每人负责一个板块。

不仅如此，大家还注重教学设计与展示画面的意境渲染，让它们相得益彰。如初三组集体备课《三顾茅庐》，设计图的旁边，站着一个摇着羽扇的诸葛亮。高一组展示了古诗《登高》，展示的白纸上除了阶梯教学设计，还有无边落叶、高远碧空、辽远沙鸥、滚滚长江，一位孤独的诗人正登高远望。霎时，秋的悲凉、人的悲苦等就显现出来了，意境与画面简直完美。

在与成果合影纪念环节，每个团队就像一场达人秀，有的互相击掌；有的做成花朵造型，寓意团队像花朵一样绽放；有的做欢呼状，热闹非凡！教研展示，已经嗨翻全场，变成了欢乐的海洋。

一场成果展示，教研场变T台秀，秀出个性的风采。悄然间，大家在"教学设计"的陈述中，完成了知识的内化，自我的更新，自我的成长；在团队展示中，增强了团队的凝聚力，提升了团队的幸福感。

六 ｜ 研后深复盘——延续教研行动

一场教研结束后，还需要深度复盘。这样既促进了支教老师自我反思，也促进了支教学校的老师改进教学，用于实践。

复盘是通过问卷完成的，从参与者的反应、学习的收获、工作行为的改进、本次教研的改善等角度进行设计。

我们惊喜地发现，这场集体备课教研，已经点燃了老师们教研的热情，激活了教研的内动力。有的老师感慨地说："我来贡山一中好多年了，第一次感觉到异地教研教学交流落到了实处，而非只是流程，非常有意义！"有的老师说："这场教研活动改变了我对集体备课的认知，很新颖，好喜欢。"有的老师说："第一次尝试了不一样的集体备课，亲自尝试了搭台阶的方式，获得了不一样的备课体验。这是一次新的尝试。在年级组备课过程中，还增强了语文组老师们的合作意识。这样一种新的集体备课方式，让同年级组的老师们思维碰撞得到升华，丰富了我们的头脑。"

一场教研经历了体验的尝试、反思的过程、思维的激活、行动的改变，把教研转化成科研，用问题促进了深度复盘，用复盘成就了深度分析，为下一步开展深度探究和深度突破的教研开启了准备。

当然，这场教研激活教研内动力，仅仅踏出了第一步，接下来，我们还需要持续激活，不断激励。下一次，我们将继续深入研读文本，摸清学生学习情况，采用专题式推动教研，为营造有学习力、创造力、研究力的教研氛围而努力！

第五辑

从教为中心走向学为中心

翻转式课堂：
让学生自己掌控学习
——《太空一日》三段式设计

在实施翻转课堂的实践中，我们明确了翻转课堂是在传统教学的基础上进行时空和教学方法、教学步骤的改革，具体分为"课前准备设计""课中探究设计""课后反思设计"三个步骤。下面以《太空一日》为例进行说明。

一 | 课前准备设计——助力自学养成

在上课前，我们设计了课前学案学习、课前小组预习、课前微课制作。

1. 课前学案学习

1. 字词注音

负荷（　） 载（　）人 屏（　）息凝神 无虞（　）

炽（　）热 幅（　）度 轮廓（　） 俯瞰（　） 模拟（　）

遨（　）游 稠（　）密 烧灼（　） 千钧（　）重负 舷（　）窗

2. 解释词语

屏息凝神：＿＿＿＿＿＿＿＿＿＿＿＿＿＿＿＿＿＿＿＿＿＿＿＿＿＿＿＿

炽热：＿＿＿＿＿＿＿＿＿＿＿＿＿＿＿＿＿＿＿＿＿＿＿＿＿＿＿＿＿＿

俯瞰：＿＿＿＿＿＿＿＿＿＿＿＿＿＿＿＿＿＿＿＿＿＿＿＿＿＿＿＿＿＿

千钧重负：_____

耐人寻味：_____

惊心动魄：_____

3. 收集资料

收集与杨利伟有关的故事。

4. 问题与思考

（1）请绘制本文的思维导图。

（2）文中杨利伟遇到的意外有哪些？

（3）杨利伟的心理活动是哪些？

（4）找出打动你的句子并赏析。

（提示：抓句子领悟英雄的情怀、心理，分析当时的效果和反映出来的人品，分析得越深入、越丰富越好。）

（5）回答英雄具有的品质。

（6）请联系实际，回答现实中的英雄是什么样子的？

5. 小组质疑

以小组为单位，进行答疑。解决不了的问题上传云课堂，课堂上再进行总结。

2. 课前小组预习

（1）小组任务。

①讨论自己预习中遇到的问题，能够解决的小组内部解决，解决不了的上传云课堂收集。

②将共性的问题整理出来，并发给老师。

（2）小组角色职责。

导课员：组织课前预习讨论，并懂得调控整个小组的预习讨论。

记录员：负责记录并整理小组讨论出来的疑难问题。

智囊员：负责组内的出谋划策。

展示员：负责组内的问题和成果展示。

记时员：负责控制小组讨论的时间。

纪律员：负责组内纪律问题的管理。

（3）小组讨论并记录。

学生学习了课前学案后，小组交流讨论有疑问之处，一起交流。

组员：我的疑问是第3段，为什么把自己比喻成一块铁？

导课员：有没有同学能解决？

智囊员：没有人解决，请记录员记录下来。

（组员继续提问，组内继续解决。）

导课员：为什么大家的提问都是停留在局部的，而没有深入的理解呢？

组员：文章太长了。

组员：我感觉我没有读懂。

组员：我感觉我不知道怎么读懂一篇文章。

（4）收集问题发云课堂。

3. 课前微课制作

微课主题：如何快速地读懂一篇文章。

微课过程具体如下。

1. 引入——引入主题

师：亲爱的同学们，在进入翻转课堂的正式课堂之前，我们需要先学后教。《太空一日》这篇选文，文章较长，那么，我们需要先完成一个学习任务——如何快速地读懂一篇文章。

2. 出示重点——抓关键词句

交代切入口：抓关键词句。

哪些是关键词句？

（1）标题。

（2）表达中心的词句。

（3）能总结上下文的句子。

（4）能贯穿文章线索、过渡的词句。

（5）议论句或者抒情句。

（6）优美的句子。

（7）具体环境具体分析。

3. 解决问题——展示方法

方法1：抓关键词句去理清文章思路。

方法2：抓关键词句去深入文章的内容。

方法3：抓关键词句去把握文章的主旨。

4. 布置任务——课堂准备

请运用这三个方法对《太空一日》这篇文章进行理解。

二 ｜ 课中探究设计——助力思维养成

设计背景

经过课前预习调查，用云课堂讨论功能中"你最需要了解的问题"调查，通过收集问题进行深入分析：学生产生这些问题的原因是无法读懂课文，基于"读懂课文"为出发点，进行了教学设计，并通过由点带面，步步解决学生主要问题的方式设计了本课教学。

教学目标

(1) 用抓关键词句的方式理清思路。

(2) 用抓关键词句的方式，探索英雄的品质。

(3) 用抓关键词句的方式延伸到生活。

教学重点

通过抓关键词，进行语句探究，体会深刻内涵。

教学难点

探究杨利伟成为英雄的原因。

课前准备

（1）学生根据学案提前学习。

（2）小组进行问题收集。

（3）提前预习微课和学生尝试做微课。

1. 直奔主题——讲英雄

（1）师：课前通过导学案，我们进行了课前的预习，这节课我们先检查一下大家再次收集资料的情况。

（预设：杨利伟的经历、成绩、梦想、故事、思想境界，神舟五号的情况。）

（2）云课堂现场展示学生的问题。

（3）复习微课。

通过课前预习我们了解到大家有一个集中性的问题，那就是对于较长的课文无法理解文章，今天我们一起用抓关键词句的方式来学习课文，并继续用思维导图的方式展示。

（4）出示云课堂打分规则。

①每组成员回答问题计入小组成绩。

②每组一个成员打分。

③标准：满分为 10 分，回答优秀的，得 10 分；不够完整的，酌情扣分。回答中有精彩点的，可附加 5 分。

2. 抓关键词句——识英雄

师：对于一个英雄的了解，要先透过文章的纹理去触摸人物，需要用到具体的情节。下面请大家在自己昨天预习的基础上，抓关键语句，展示本文的内容。

（1）小组合作，集体绘制思维导图。

（2）交流（2 个组）。

（3）反省总结：学生展示制作的微课，总结自学的方法。

（4）展示云课堂打分情况。

师：通过刚才大家抓关键语句，大家理清了文章的脉络，也清楚了文中杨利伟的故事。接下来，我们继续用抓关键词句的方式去理解英雄的心境吧。

3. 抓关键词句——悟英雄

（1）真正的英雄应该具备哪些品质？

通过抓关键词句，深入探究英雄的品质：

①不平凡的一面：

②平凡的一面：

（2）现场展示平台打分情况。

4. 抓关键词句——评英雄

（1）真正的英雄应该具备哪些品质？

探究总结：严谨的科学态度、坚持不懈、踏实肯干、敢于尝试、不怕牺牲、敢于牺牲的无畏精神和拼搏勇气，以及感念国家和人民的厚戴，感恩师长、战友、同志和亲人的关爱之情。

（2）生活中的英雄是怎样的？

英雄的可爱之处就在于执着地热爱生活，超越生活。

师：英雄不仅仅是升入云端的卓越，也是融入尘埃的平凡，我们都可以做自己的英雄。

课堂总结

(1) 学生展示本堂课的重点和思路。

(2) 平台展示中，学生总结各个小组得分情况。

三 | 课后反思设计——助力复盘养成

设计缘由：翻转课堂，除了注重课前预习，课中解决问题，还需要有课后反馈，这样会更有助于调动学生的元认知，并逐步帮助学生形成自学能力。课后反思可以填"抓关键词句读懂文章自评表"和"课堂反思表"（见下表）。

自我评价内容	自我评价	出现的问题	改进方法
抓关键词句，理清文章内容			
抓关键词句，深入文章内容			
抓关键词句，理解文章主旨			

这节课我学会了什么	我还想知道什么	我该怎么做	其 他

项目式学习：
走进小说，感悟人生
——"走进小说天地"项目化学习

一 | 项目背景

1. 教材内容背景

通过九年级上册第四单元，学生初步系统学习了小说。学生对小说单元在此之前便有了部分的了解，如《植树的牧羊人》需要理清故事情节和人物形象，《台阶》中有对人物形象生动传神的细节描写，《驿路梨花》"思考探究"中有一波三折的写法探究，《带上她的眼睛》中有对悬念和小说情节的设置，《社戏》中有对情节梳理的探究。而本单元重点是梳理小说情节，分析人物形象，并结合自己的生活经验，理解小说的主题。

2. 学生学情分析

学生对学习小说有一定的兴趣，但是对系统的小说阅读方法还没有具体地建构。所以，调动学生将生活经验与语文经验结合，从而对小说产生兴趣，并建构起自己阅读小说的方法，成为我们需要努力的方向。

二 | 项目简介

项目名称	走进小说天地	项目时长	8周
学　科	语文	年　级	九年级上
学生情况	初三两个班级，人数各61人，每个组6人		
教师情况	语文教师兼任班主任		
驱动型问题	我该如何读出小说的情趣？我能写出有吸引力的小说吗？		
PBL工具	KWL表格，项目评价表，复盘分析单		
成　果	小说作品展，小说作品演		
公开方式	实物展出，网络发布		

（1）核心知识：

①能多角度地进行小说情节的梳理。

②明晰小说中环境描写的作用。

③能多角度地分析小说人物形象。

④会写基本的小说。

（2）核心能力：

①沟通表达和合作的能力。

②表达和鉴赏作品的能力。

③解决问题的能力。

④创新思维的能力。

三 | 项目目标

（1）激发学生阅读小说的兴趣，拓展阅读视野，在活动体验中习得阅读小说的方法和技巧。

（2）通过情节梳理图和故事会，懂得系统梳理小说故事情节的方法。

（3）在设计插图和活动中，明晰小说自然环境和社会环境各自的作用。

（4）在"小说人物大家谈"中，学会鉴赏和分析小说人物的方法。

（5）在改写、续写小说中，理解小说的深刻主题。

（6）在出题、磨题中，掌握中考考点，实现小说阅读方法的掌握。

四 ｜ 项目实施

1. 准备阶段

（1）教师自我建构初中三年的阅读要求。

年　级	篇　目	要　求
七年级	《植树的牧羊人》 《台阶》 《驿路梨花》 《带上她的眼睛》	明确小说文体的基本特征。 把握小说的三要素，对悬念、伏笔、一波三折写法进行探究。
八年级	《社戏》	巩固小说的三要素，对情节梳理、重点句的揣摩、作者情思探究学习。
九年级	《故乡》 《我的叔叔于勒》 《孤独之旅》	系统学习小说，增强自我的阅读体验，提高思辨能力，同时能把握考点，掌握答题技巧。

（2）制作学生问卷调查。

1. 你喜欢阅读小说吗？

  A. 很喜欢 B. 一般 C. 不喜欢

2. 你喜欢阅读哪种类型的小说？

  A. 名著 B. 武侠小说 C. 言情小说 D. 科幻小说

  E. 历史小说 F. 玄幻小说 G. 其他

3. 你阅读小说的原因是什么？

  A. 兴趣爱好 B. 消遣休闲 C. 应付考试 D. 无所谓

4.你一般喜欢阅读什么长度的小说?

A.长篇小说　　B.中篇小说　　C.短篇小说　　D.微型小说

5.你每天阅读小说的时间是多少?

A.30分钟以内　　B.30分钟到1个小时　　C.1个小时以上

6.你完整地读过多少本小说?

A.3本以下　　B.3～5本　　C.6～8本　　D.8本以上

7.关于小说,你最兴趣的是哪些方面?

A.曲折的故事情节　　　　B.鲜明的人物形象

C.有深度的主题　　　　　D.环境描写

8.关于小说教学,你喜欢什么样的教学方式?

A.老师分析讲授　　B.小组进行探究　　C.活动探究

9.你看的小说主要是怎么得来的?

A.老师推荐的　　B.课标要求的　　C.自己选择的

10.你了解小说知识的哪些方面?

2. 实施阶段

(1) 活动准备。

①做问卷调查,并分享自己学习小说时的困难。

②填写 KWL 表格。

学习者	K	W	L

注:K 代表"我已经知道什么",填写我现在如何学习小说的。W 代表"我还想知道什么",填写期待老师给予什么样的帮助。L 代表"我学到了什么",等本堂课结束之后再填写。

③制订项目方案。以平日学习小组为单位,根据自己填写的 KWL 表格,小组讨论方案并制订。

④分享整合方案。小组同伴进行分享，最后整合成活动方案。

（2）活动过程。

子项目一：小说情节我来理。

▶任务一：梳理情节图。

任务说明：选择自己喜欢的一篇小说（可以是课内的，也可以是课外的），按照一定的标准进行情节梳理（标准见下表）。梳理后呈现的方式可以是表格，可以是思维导图，也可以是鱼骨图。

> 梳理标准：
> 1. 在情节先后上，有开端、发展、高潮、结局等。
> 2. 在逻辑关系上，有原因、结果等。
> 3. 在心理变化上，有痛苦、感动、希望等。
> 4. 在技巧梳理上，有悬念、结局等。

▶任务二：小说故事会。

子任务1：自己准备故事，自我评价。

任务说明：挑选自己喜欢的小说，重点思考小说中最吸引人的地方是什么，准备好完整的故事，在小组内比赛。准备故事的自我评价标准如下表所示。

> 评价标准：
> 1. 故事情节完整，并按照一定的方式进行了讲述。
> 2. 故事有细节描写的刻画。
> 3. 故事有一定的亮点。
> 4. 故事体现了主题的深刻性。

子任务2：小组内部分享，同伴评价。

任务说明：在小组内部进行故事展示，每个组员根据标准给出评价语和分数，并推选出优秀的故事参加班级故事会。此时要注意讲故事的标准和讲故事的技巧。故事评价表和小组故事会评价记录表如下表所示。

项目	情节完整	故事吸引人	故事语言有细节	故事选材新颖	演讲懂技巧	分数合计

讲故事组员	分 数	评 语	评价人

子任务3：班级故事会，评选"优秀故事员"。

任务说明：对每个小组推选出来的优秀故事员，由小组根据标准进行打磨，并根据意见进行改进，最后进行班级比赛，并评选出"优秀故事员"。

子项目二：小说人物我来谈。

该子项目主要是对小说人物形象的知识掌握，并能通过各项任务，最终实现对小说人物形象进行有个性化的解读。

▶任务一：建立小说人物档案卡。

任务说明：根据自己看过的小说，进行小说人物档案建立，并对人物进行相关梳理，主要内容包括：姓名、出处、外貌特征、典型事件、人物点评，并建立不少于10个人物档案卡（如下表所示）。

人物名称	人物出处	外貌特征	典型事件	人物点评

▶任务二：小说人物竞猜会。

任务说明：根据自己所做的人物档案卡，准备有创意的竞猜语言，以组为单位进行出题，答题方式以抢答的方式进行。出题一次加5分，答题答对一次加5分，创意题目的附加分为5分。最后评选出"最佳小说人物组"。

创意竞猜语言示例：

她是"富二代"，但长得有点着急，一张男人脸，长得虎头虎脑的，男人婆似的性格，凶悍且粗俗。她爱的人不爱她，她却爱得野蛮而霸道，假装怀孕骗她爱的人与她结婚。在她爱的人眼里，"她也是既旧又新的一个什么奇怪的东西，是姑娘，也是娘们；象女的，又象男的；象人，又象什么凶恶的走兽。"她好吃懒做，最后因难产而死。

明确：《骆驼祥子》中的虎妞。

总结写竞猜词的方法：从小说人物特色的描写角度写，从小说人物经历的角度写，从小说人物独特的性格特点写。

▶任务三：小说人物小词典。

任务说明：每个小组变成编委，组内成员把人物档案卡进行梳理，编写目录。目录可以是著作名称，可以是相似的人物，也可以是同一类型的书，编写成"小说人物小词典"并拟好题目。

子项目三：小说环境我来赏。

▶任务一：我为小说配插图。

给自己喜欢的小说的某个情节配上插图，配插图时要思考具体的场景，把当时的社会环境和自然环境设置其中。小说作品插图评价自评标准如下表所示。

> 评价标准：
> 1. 插图有情节。
> 2. 插图有场景设计。
> 3. 插图有自然背景设计。
> 4. 有自评语。

▶任务二：典型环境我来比。

选取学过的三篇小说，对典型的环境描写进行梳理，并分析各个环境的特点，将结果填入下表。

篇　目	典型环境	环境特点	共　性	不同点

子项目四：小说考题我来研。

▶任务一：研究归类中考题。

任务说明：围绕重庆市近五年的中考题和教材中的小说阅读，对每一个考点进行归类，并按照具体题型、答案、答题思路、答题模式进行收集整理。中考小说考试题型主要有概括故事情节、分析人物形象、小说环境描写、小说主题、赏析表现手法和品析小说语言等。评价标准如下表所示。

等　级	评价标准
A级	1.考点清晰完整；2.对考点的把握精准、精深；3.答题思路清晰，逻辑严密；4.答题模式准确；5.卷面精美、整洁。
B级	1.考点比较完整；2.对考点的把握准确；3.答题思路比较清晰，且符合逻辑；4.答题模式比较准确；5.卷面整洁。
C级	1.考点基本完整；2.对考点的把握符合课标；3.答题思路基本清晰；4.答题模式基本准确；5.卷面有些潦草。
D级	1.考点不完整；2.对考点的把握不准确；3.答题思路模糊；4.答题模式错误；5.卷面不整洁。

▶任务二：小说考题我来出。

任务说明：首先，根据前面研究的中考题型，根据考点，自己出题，并且做出标准答案；然后，小组内部选出最优秀的题型，或者进行组合，不断磨题；接着，将选出的最优秀题型让临近小组做，并改卷评卷；最后，选出优秀试卷，全班检测。磨题评价标准如下表所示。

要　　求	评价标准
文本选择科学	体现课程要求
	着眼中学生身心发展
	符合中考考查的需要
	具有文学性和丰富性
文本研读深刻	读透文本，从小说的情节、人物、环境上分析
	发现文本的各个命题点
	联系文本背景，并能分析
	研读了文本细处
考点分布完整	故事情节梳理
	分析人物形象
	环境描写作用
考点分布完整	挖掘小说主题
	赏析表现手法
	品析小说语言
题型分布合理	理解类试题
	应用类试题
	分析类试题
	评价类试题
	创造类试题
设问方式精巧	指向清晰，问法严谨
	语言准确规范，没有歧义
	引导有分寸，层次分明

续表

要　　求	评价标准
参考答案准确	参考答案正确、科学、合理
	参考答案分条作答
	参考答案经过反复推敲，能保证其准确性
评分标准科学	评分标准与试题要一一对应
	评分标准科学、准确
	评分标准具有可操作性

▶任务三：小说考题我反思。

任务说明：选出优秀试卷后，统一印制进行考试，最后集体评卷后，对照参考答案，写试卷分析，将反思做到深处。试卷分析中主要包括：原题答案、自己的答案、具体差距、反思原因、后续改进的方法。

子项目五：小说创作我来写。

▶任务一：缩写小说故事。

任务说明：选择课文中的一篇小说，在保持中心不变的情况下，抓住主要情节和人物，对小说故事进行缩写。小说故事缩写评价标准如下表所示。

评价标准：
1. 保持中心不变。
2. 故事情节完整。
3. 线索清晰。
4. 保留了人物描写的独特特征。
5. 保留了小说的语言韵味。
6. 保留了小说主题语言。

▶任务二：续写小说结尾。

任务说明：选择学过的一篇小说，根据小说情节和主题，设想后续的发展，进行续写。比如，《我的叔叔于勒》中，如果于勒来到"我"家，会发生什么;《皇帝的新装》中,皇帝回宫后会发生什么。续写评价标准如下表所示。

> 评价标准:
> 1. 续写的位置(开头、正文和结尾均可)。
> 2. 在原故事基础上续写。
> 3. 与原文衔接自然。
> 4. 根据原文人物形象和情节进行续写。
> 5. 想象要合理或推断要合理。
> 6. 与原文的语言风格一致。
> 7. 与原文的主题相关。

▶任务三:创作整篇小说。

任务说明:可以到菜市场、街道、茶馆等地收集写作素材,并筛选素材。运用所学的知识,进行小说的创作。小说创作评价标准如下表所示。

评价维度	具体细则	自 评	组 评	师 评
情节	故事情节有一定的线索,并按照故事的开端、发展、高潮、结局等进行。(10分)			
人物形象	人物个性鲜明,有明确的语言描写、动作描写、心理描写、肖像描写等。(10分)			
环境描写	文中的环境描写能有的放矢、烘托气氛、表达心情、交代社会背景、推动故事情节发展。(10分)			
主题思想	小说主题能以小见大,反映社会现象,内涵深刻。(10分)			
整体	小说内容感染人。(10分)			
特色	小说新颖,有个性特色。(5分)			

五 | 展示成果

1. 制作成果书籍

每个同学设计好不同活动过程中的封面图,做好目录编排,把所有的过程性资料进行编辑,最后制作成一本书,并设计一个有关"走进小说天地"主题的封面,为展示做准备。

2. 成果汇报会

把项目式学习的内容和过程制作成 PPT 和电子书籍,邀请家长参与成果汇报会,并让学生分享这个项目学习的感受和收获。

3. 小说大剧场

找一篇自己喜欢的小说或学习过的小说,选择续写、改写或重新创作,挑选感兴趣的情节,以小组为单位,编成剧本,租好服装,制作好海报,在学校大礼堂进行剧场表演,为初三下学期的戏剧单元做好准备。

六 | 项目思考

1. 任务驱动,点燃作业兴趣

本项目收获最大的是,学生对作业的兴趣大大提升。以前完成的作业仅仅是书面作业,而本次项目式学习,每个子项目都有系统的设计,并且活动有收集资料、思维导图、故事会、竞猜会、表演会、情节设计等。学生的思维被激活,把"要我做"变成了"我要做",实现了"双减"政策落实后作业设计的提质减负。

2. 制定标准,启动深度学习

本项目利用了逆向思维,从期待达成的学习目标出发,每一步都有具体的评价量规。做到了使用集体力量制作量表、运用过程思考量表、成果展示反馈量表，带领学生在每一个步骤中都关注活动目标，增强了整个项目的统一性，实现了深度学习。

3. 活动体验，实现自主学习

在项目式学习中，每一步都是活动引路，学生自主体验。比如，出题环节，是对整个项目的应用，学生在出题的过程中应用知识，在对照量表的过程中自我反思，在互相考试的过程中加深对知识点的学习，在反思考试结果中实现深化。整个过程真正调动了学生的元认知，并真正实现了自主学习！

口语交际课：
讨论互动，有效得体
——"讨论"公开课设计

学习目标

（1）了解讨论的要求，通过研讨的方式，明确讨论的技巧、原则，并且提升自己的实践能力。

（2）懂得运用讨论的具体策略并深入地进行讨论。

（3）养成讨论的习惯，提高口语表达和交流沟通的能力，让学生养成互相倾听、共同进步的良好氛围。

学习重点

借助工具，借助研制的量表，形成运用讨论的具体策略。

学习难点

学生能形成有一定深度和逻辑性的讨论。

前置任务

自学教材"口语交际——讨论"的内容，并提前制定讨论的规则。

一 | 引入——明晰讨论

（PPT 出示情境）

最近，班上有几个同学带手机入校园，老师给没收了，而他们却觉得手机应该带来，所以心里不高兴。今天我们就这个话题，发表自己的看法：学生上学应不应该带手机？为什么？

（预设：有的会赞同，有的会反对。回答问题会出现理由不够充分的情况。）

师：刚才大家的发言中，有的赞同，有的不赞同，这就存在观点不一致的问题。如何让我们的想法达成基本认同呢？讨论就是一种解决问题的方法，今天，让我们一起来学习讨论。

【设计意图】从学生熟悉的生活情境入手，引导学生初步发言和讨论，并为后面学习了讨论后的发言做铺垫。

二 ｜ 学习——习得讨论技巧

1. 什么是讨论

师：什么叫讨论呢？

（预设：学生回答一个观点。）

（出示PPT）

讨论，是就某个主题或者某件事互相表明见解或进行论证。

师：讨论和聊天、辩论和争论有什么区别呢？（出示PPT）

讨论：围绕同一话题发表意见，以寻求共识或解决问题为目的。
聊天：没有目的的交谈。
辩论：双方朝相反的方向陈述观点和理由，以驳倒对方为胜。
争论：围绕同一话题，以说服对方为目的，是属于偶然或随性的。

2. 讨论的作用

师：讨论有什么作用呢？

（预设：讨论互相明晰观点，互相交流。）

（出示 PPT）

思想沟通，语言交流，互相启发，共同学习。

3. 如何进行有效讨论

（1）初步讨论：讨论话题——如何进行讨论。

师：我们该如何进行讨论呢？下面我们试一试。

（预设：给出主题。言无不尽，包容合作。）

师：讨论的方式有很多，比如与自我讨论、与经典讨论。今天我们就以小组讨论为主要方式。那么，如何进行小组的有效讨论呢？

（2）二次讨论：小组讨论的角色要求。

师：刚才大家第一次讨论时没有分角色，所以是乱的，那么，如果想有效讨论，我们需要做什么呢？

生：分配角色。

师：小组讨论包括哪些角色？他们各自有什么要求呢？

生：主持人、讨论人、记录人、发言人。

师：下面我们就分配下角色，每个组选一个角色，讨论角色的职责要求。

（学生进行讨论，并总结出角色的职责要求，如下表所示。）

角 色	要 求	具 体
主持人	注意讨论中的秩序	公布要求，并注意管理秩序。
	态度上保持中立	在态度上不偏不倚。
	调节发言氛围	调整进度，给每个发言者机会，并有意识地把讨论引向深度。

续表

角　色	要　求	具　体
讨论人	注重倾听别人	不随便打断他人发言。
	积极参加讨论	不做沉默的人。
	注意观点明确	对观点赞同什么、反对什么,不能模棱两可。
	礼貌表达不同意见	发言要理性,尊重别人。
	依次讨论不同问题	对不同问题,讨论完一个后再进行下一个。
记录人	记录讨论的过程	分条清晰,记录要点;随时懂得提炼发言者的重点。
发言人	代表小组发言	综合小组意见;声音洪亮,控制时间。

师:讨论有序需要对角色进行分配,那么,如何让发言的质量更深入呢?大家先看一个例子。(出示PPT)

我认为中学生可以带手机。(观点)比如,孩子还没回家,家长心急如焚;孩子有个手机就会很方便联系。(材料)手机之所以出现,就是为了人们通信和联系的方便和快捷。而有的孩子控制不住玩手机,是自己自控力的问题。(分析)所以,手机还是可以带的,只是要提高学生自制力,引导他们合理利用手机。(结论)

【设计意图】明确讨论的定义、为什么讨论、怎样有效讨论,重心放在如何有效发言上。讨论的过程也是反思的过程。

三 ｜ 实践——进行话题讨论

(1) PPT出示话题。

中学生上学应不应该带手机？为什么？

提示：

讨论问题时，思路要开阔，但要有重点，避免多点开花却浅尝辄止。可以由一名同学担任讨论的主持人，控制每个人的发言时间，调节现场气氛，把握讨论的节奏，避免跑题或陷入无谓的争论。

所以讨论参与者都应主动思考，积极发言，尽量达成最大程度的共识，但也不应该回避不同意见。

（2）实践讨论。

师：请根据刚才所学的有效讨论，进行话题实践。记录人按照以下方式记录（如下表所示）。

小组成员	观点	材料	分析	结论
综合小组发言				

（3）小组发言人发言。

师：请小组代表发言，并按照评估表（见下表）进行评估。

句子	标准	评价
观点句	观点明确	
材料句	材料与观点一致	
分析句	分析透彻	
结论句	与观点呼应	

（4）小组发言，其他组评估。

（5）突破讨论难点。

师：请问发言人，你是怎么综合他们的发言的？

（预设：互动合作，取长补短，这是讨论区别于个人发言的地方。）

师：刚才大家进行了几轮讨论，这也是一个不断完善的过程。大家在讨论时遇到了哪些困难呢？

（预设：发言不深入、发言观点不同等。）

师：遇到了这些困难，怎么办呢？老师归纳了几种解决方法。

讨论观点不明确：观点＋材料＋分析＋总结。

讨论双方观点不一致：分析各自的优缺点，求同存异。

讨论不深入：多问几个为什么，即"5WHY"分析法。

【设计意图】通过实践，运用讨论规则，从而体验讨论，并在体验中复盘，对规则进行二次补充，从而突破讨论的难点。

四 ｜ 迁移——书写讨论结果

师：刚才我们的发言人给我们做好了示范，我相信其他同学也能做到。作为九年级的学生，我们不能将讨论只停留在口头上，还需要与中考结合起来，把口头表达落实到书面上，所以，我们现在要书写讨论结果，大家按照评估表上的要求，给同桌评分，将得分填在下表中。

句　子	标　准	得　分
观点句	观点明确	
材料句	材料与观点一致	
分析句	分析透彻	
结论句	与观点呼应	

【设计意图】将口头讨论迁移到书面表达上，并落实到每一个学生，将评估表进一步加深，从而与中考链接。

五 | 总结——提升讨论能力

师：今天我们学习了讨论，那么具体学到了什么呢？（出示 PPT）

这节课我学到了什么？比如，讨论步骤、讨论要求、讨论方法……

【设计意图】调动学生的元认知，教会他们真正懂得总结提炼，从而真正形成学习能力。

六 | 作业——课后延展讨论

（作业：怎样才算有教养？如何做一个有教养的人？）

师：人生处处是讨论，如可以与自己的灵魂讨论，可以与生活讨论，可以随时随地进行讨论，所以，讨论是生活中的一部分，让我们把讨论延伸下去，并变成一种习惯。讨论能让自己与别人的关系融洽，能让生活充满乐趣，让我们把讨论进行到底！

第六辑

打造属于自己的教学作品

复习教学：
理解句子的深刻含义

> **教学背景**
> 　　初三中考复习时是最为紧张的时候。语文考点之一的"理解句子的深刻含义"，对学生而言有难度。但是，我们在上复习课的时候，往往是在重复知识点，或者重复原有的方法。复习后，学生的问题还是原来的问题。那么，如何突破"理解句子的深刻含义"这个难点呢？本堂课便是在这样的一个背景下应运而生的。
>
> **教学目的**
> 　　学会用抓关键词（抓有表现力、有比喻含义、有哲理的词语）的方式，理解句子的深刻含义。
>
> **教学难点**
> 　　(1) 如何联系上下文，理解句子的深刻含义。
> 　　(2) 在理解完句子后，把语言组织得完整、顺畅。

　　在中考中，"理解句子的深刻含义"一直是阅读中的一道难关，本文将探索如何"理解句子的深刻含义"这一大难题。

一 ｜ 考点辨析

　　师：关于句子的考察，一般有三个考点。是哪三个考点呢？

生：句子的表达效果。

生：句子的深刻含义。

生：句子的赏析。

师：综合起来，主要有以下三个考点：句子的含义、句子的赏析、句子的作用。下面，让我们一起来看例句，辨析一下考的是哪个考点。（出示PPT）

请辨析下列提问，哪些属于考查点"理解句子的含义"？

（1）请问"这熟悉而又陌生的场景，让人迷茫起来"这句话如何理解？

（2）品味第6段中画线句子的深刻含义。

（3）第9段中画线句子的作用是什么？

（4）下面句子形象生动，富有表现力，请加以赏析。

（5）"我包的饺子'其貌不扬'，但我很自信"这个句子是否矛盾？为什么？

（6）对文中有关句子的理解和分析，不正确的一项是（　　）。

师：请大家把题目齐读一遍。

（生齐读）

师：请同学们辨析下。

生：第（1）题，第（2）题。

师：还有吗？

生：我觉得第（5）题也是。

生：第（6）题。

师：通过大家刚才的回答，我们明白了"句子深刻含义"的一般问法和变式问法，同时也明白了"理解句子的含义"和"赏析句子"问法的区别。接下来，我们一起回顾一下，平时做"理解句子含义"这道题的时候，容易出现的错误。

二 | 问题呈现

师：针对这个考点，我们总结一下容易出现的问题。下面，我们展示一下昨天做的"理解句子的深刻含义"的家庭作业。（出示PPT）

这熟悉又陌生的场景，让人迷茫起来。

答案：这是"我"儿时常走的田间小路，本应十分熟悉，但因为离开太久而找不到方向，显得非常陌生；对乡村生活远离已久让"我"感到不知所措。

师：请看这个问题，我们容易出现的问题有哪些？（出示学生答题图片）

生：他的答案是"为下文做铺垫"，我觉得他的问题是没有审准题。

师：这个同学的答案是"作者列出了家乡变化，物是人非"。我给他写的评语是，"请注意抓关键词进行理解"。

生：这个同学答的是"对世态炎凉的改变"。

生：老师，他的这个答案，和我们的中心好像风马牛不相及。

师：他为什么会有这样的答案呢？

生：可能凭借自己的感受在答题。

师：所以，我给他的点评是，"请注意联系语境"。

师：同学们，我们总结下大家刚才发现的问题。在理解句子的深刻含义时，我们容易犯的毛病有以下几个方面（出示PPT）：

容易出错的类型：

（1）审题不准；

（2）不会抓关键词；

（3）不懂句子意思；

（4）不注重语境；

（5）答题不完整、不深入。

师：明白了我们的问题后，接下来，我们需要思考如何克服这些问题。让我们一起走进"解决问题之旅"。

三 | 初试牛刀

师：让我们一起来完成一个语段的测试，现场体验一下我们自己会出现哪些问题。（出示PPT）

学校大厅的门被踢破了。

——可怜的门。自从安上那天起，几乎没有一天不挨踢。十三四岁的孩子，正是撒欢儿的年龄。用脚开门，用脚关门，早已成了不足为奇的大众行为。

教导主任为此伤透了脑筋，他曾在门上张贴过五花八门的警示语，可是不顶用。他找到校长：干脆，换成铁门——让他们去"啃"那铁家伙吧。校长笑了，说，放心吧，我已经订做了最坚固的门。很快，破门拆下来，新门装上去了。

新门似乎挺带"人缘"，装上以后居然没有挨过一次踢。孩子们走到门口，总是不由自主地放慢脚步。阳光随着门扉旋转，灿灿的金色洒了孩子们一身一脸。穿越的时刻，孩子们感觉到了爱和被爱的欣幸。

这道门怎能不坚固——它捧出一份足金的信任，它把一个易碎的梦大胆地交到孩子们的手中，<u>让他们在美丽的忧惧中学会了珍惜和呵护</u>。

——这是一道玻璃门。

"让他们在美丽的忧惧中学会了珍惜和呵护"的含义是什么？

（学生现场体验做题，老师巡视。之后现场发现问题。）

师：请同学们说一说你的答案。

生：让他们要珍惜玻璃门。

师：你为什么答"要珍惜玻璃门"？

生：我是在文中看到"珍惜"。

师：非常好。由此，我们可以总结一下："理解句子的深刻含义"的第一个突破口是——

生：找关键词。

师：例文中这个句子我们应该找哪些关键词？

生：忧惧、珍惜、呵护。

师：还有吗？

生：美丽。

师：同学们，通过刚才的体验，大家知道什么叫"关键词"吗？

生：我觉得有助于我们理解这个句子的都可以叫"关键词"。

师：是的，关键词的形式有很多，只要有助于对句子进行理解，我们都可以说它就是关键词。那么，找了关键词，接下来如何突破呢？

生：丰富这个词的意思。

师：我们应该怎么丰富呢？请继续阅读这个句子。"忧惧"，他们忧惧的是什么？

生：他们觉得玻璃门是看不到的，所以他们忧惧撞伤。

生：我觉得是怕玻璃门碎了。

生：怕玻璃门伤着自己。

生：孩子担心毁坏了玻璃门，就辜负了这份爱和被爱的信任。

师：请问，你刚才回答的依据在哪儿？

生：在原文的第3段中。

师：非常好，大家注意，在理解句子深刻含义时，要懂得以原文为依据。我们继续看，文中为什么是"美丽的忧惧"？

生：因为他们在穿越的时候，之前是用铁门，但是，后来换上了玻璃门，孩子们感受到了被爱，开始担心玻璃门会碎，所以，他们也学会了爱，因此，穿越的时候就感觉很幸福，所以是美丽的。

师：你刚才回答的依据是什么？

生：在文中的原文。

师：大家再看，这里"珍惜"的是什么？

生：珍惜校长的信任。

师：你怎么得出来的？

生："教导主任为此伤透了脑筋，他曾在门上张贴过五花八门的警示语，可是不顶用。他找到校长：干脆，换成铁门——让他们去'啃'那铁家伙吧。校长笑了，说，放心吧，我已经订做了最坚固的门。很快，破门拆下来，新门装上去了。"

师：文中"呵护"的是什么？

生：呵护的是"易碎的梦"，这是原文第5段的内容。

师：大家再从深层次来理解。

生：我们呵护玻璃门。

生：爱护我们的公物。

生：我觉得不仅仅是爱护公物，还有爱护人与人之间的信任。

师：非常好。下面，我们总结一下刚才的探究过程。

生：先找关键词，然后联系语境，再从表层和深层次进行理解。

师：接下来怎么组织答案呢？请看我们的参考答案。（出示PPT）

校长大胆地用玻璃门代替铁门，让孩子们知道自己被信任，从而变得小心翼翼，并在这小心翼翼中学会了珍惜人与人之间的信任，懂得爱护公物，从而形成好的品德，并把这份美好传递给更多的人。

师：请同学们看PPT上是如何组织答案的。总结发现的规律。

生：在句子中找关键词，并把关键词的丰富内涵挖掘出来，再注意答题的顺序。

生：把关键词的内涵解释出来，放入原句中组成一段通顺的话。

师：那我们组织语言时，要注意什么呢？

生：注意答题语言的通顺。

师：我们再比较下自己的答案和这个参考答案的区别在哪儿。

生：我少答了"被信任"，说明我答题答得还不够完整。

生：我少答了"小心翼翼""形成好的品德"，我发现自己理解得不够深入。

师：由此得出，我们在组织答案时，要注意什么呢？

生：要规范，要全面，要深入。

师：太棒了，复习的目的就是温故而知新，知道以前不知道的。

师：我们现在再来总结一下：做题的步骤有哪些？

生：首先我们要找关键词。

师：我们还要注意什么呢？

生：找到帮助理解句子的词。（师板书：一、找到关键词——找到帮助理解句子的词）

师：第二步呢？

生：联系上下文。

师：联系上下文要注意什么呢？

生：丰富关键词内涵时要在原文中找到依据。（师板书：二、联系上下文——找到依据。）

生：第三步，组织好答案。

生：我们要注意答题的规范、全面、深入。（师板书：三、组织好答案——规范、全面、深入。）

师：今天，我们再次感悟了"理解句子的深刻含义"的做题步骤。接下来，我们用上刚才总结的思路，一起来完成一个语段。

四 | 方法实践

（出示语段，完成练习。）

微笑的可乐

[美] 杰奎林·海克尔

我七岁那年，故乡的夏天炎热异常。没有一丝云朵，天空在灼热的阳光里呈现空洞的蓝色，空气中翻腾着热浪。几乎所有的生物都是蔫蔫的，失去了往常的活力，除了那些整日泡在海水里的孩子们。这一年的夏天，我再也没有走进大海，没有在沙滩上和小伙伴们追逐嬉闹，没有像一尾活泼的小鱼尽情遨游在无边的海水中。我知道，所有的欢乐都已随着春天的一场噩梦灰飞烟灭了。尽管我还是个孩子，却已深知悲伤与羞耻，我甚至拒绝在夏天穿短裤，害怕我丑陋的脚踝在众人的视线里暴露无遗。

那段热的让人窒息的日子里，我每天所做的唯一一件事就是早早地拄着拐杖离开家，慢慢走到田地尽头的堤坝边。我的爷爷已经坐在那里抽烟，准备开始一天的辛劳。我艰难地坐下来，什么也不说，只是静静地坐着，眺望远方睡眼惺忪的大海……

那天，我正望着蔚蓝的大海发呆，素来沉默寡言的爷爷突然在我背后问："孩子，你口渴吗？"我漫不经心地"嗯"了一声。爷爷又接着说："那么，我请你喝冰镇可乐吧。"我不敢相信自己的耳朵，对于我贫困的家庭而言，可乐是只有圣诞节才会偶尔兑现的奢侈梦想，何况车祸后为了给我动手术，家中已是负债累累。我咽了咽唾沫，有些不相信地问："您是认真的吗？""当然，"爷爷微笑着说，"但是有一个条件，你必须自己穿过马路去对面的便利店买。"他见我沉默了，随后又补充道："其实不用害怕的，我会站在路边提醒你来往的车辆。"冰镇可乐的诱惑实在太大了，我咬着牙点了点头。

攥着爷爷给我的硬币，我拄着拐杖站在了路边。要知道，自车祸以后，我就再也没有走上马路，噩梦犹在。虽然天气炎热，但乡村公路上来往的车辆永远都不会停歇。汽车从我身边飞驰而过，卷起一股股闷热潮湿的气流，阴影又开始弥漫，我怎么也不敢迈出这第一步。这时，爷爷大声地吼起来："嗨，孩子，难道你打算一辈子的路就只走到这里吗？勇敢些。"我心一横，屏住呼吸拄着拐杖走了过去，而当我踏上路另一边的沙地时，发现自己已是泪流满面了。那一瞬间，我忘却了身后就是夺走我右脚的马路，也感受不到那曾如梦魇般恐怖的车流，我只知道，<u>我已经翻越了一座山，一座在我七岁那年突然横亘在我生命旅程中的大山</u>。

那天冰镇可乐的清凉，即便在 35 年后的现在也清晰如昨天，35 年后的我早已装上了假肢，像正常人一样行动自如。我有相敬如宾的妻子，有活泼可爱的儿子。盛夏的假日里，我带上家人去童年时常去的海滨度假。而每一次把可乐递给儿子时，我总会指着瓶子上那个飞扬的缎带标志说："你看，它在对你微笑呢。"一如爷爷当年对我说时的郑重。

<u>假如你对生活微笑，上帝便会把你所有的辛辣与苦楚酿成这世上最最甜美的可乐。</u>

（1）"我已经翻越了一座山，一座在我七岁那年突然横亘在我生命旅程中的大山。"请理解这句话。

（2）"假如你对生活微笑，上帝便会把你所有的辛辣与苦楚酿成这世上最最甜美的可乐。"这句话的含义是什么？

五 ｜ 点评互动

师：请对照答案，和同桌组成互助小组，互相点评。按 PPT 中给的方法进行点评。（出示 PPT）

一方：说自己的做题思路。

另一方：判断出分值，找到失分点，总结出原因，给出改进方法。

参考答案：

（1）爷爷对"我"的鼓励，让"我"克服了那场车祸带给自己的悲观、胆怯，"我"终于克服了人生中曾经给"我"如此巨大挫折的障碍。

（2）生活总有磨难，只要微笑、自信、乐观、努力，我们就会迎来美好的生活。

（学生互相点评）

师：请以组合的形式来展示一下你们的点评。

生：我先说说我的思路。我先是看到原句子中的"翻越了一座山"，然后找到原句子所在的段落，就可以看到作者已经在那一年出了车祸，从而对马路产生了恐惧。从"翻越"一词可以看出，在爷爷的帮助下，作者战胜了恐惧。组织答案的时候，先解释了"翻越"所带的内容，并且注意了句子的通顺。

生：思路很好，关键词抓得很准确。这道题他的得分是2分。他的失分点是爷爷对"我"的鼓励；原因是没有回答全面，考虑太片面和表面的动词。可能思考的时候是根据自己的理解，而不是文章的前后文进行的，所以我觉得他应该在做阅读时多联系前后文。

师：你对他的点评满意吗？

生：满意，说到了我的弱点。

生：我的答案是"出车祸事件让'我'对马路产生了恐惧，而翻越一座山就是跨过了恐惧，爷爷的话给了'我'前进的动力。"我的思路是，先看题目，然后找到了关键词"山""横亘"，再通读了文章，把车祸事件结合起来。我扩展了爷爷说的话和我明白了的道理。

生：王卉答的这道题，得分是1分。她的失分点是：（1）答题太过啰唆，不够干净利落；（2）她没有抓住"横亘"这个词语的深刻内涵去解释。原因是思考不深入。我建议她在读文章的时候能够将表层意思和深层次意思都联系起来。

生：我回答的是第二句。我先找到"辛辣与苦楚""甜美的可乐""酿成"等一系列关键词，体会到"甜美的可乐"指代美好、乐观的生活，而"辛辣与苦楚"指代的是生活中的许多磨难。我组织答案的时候，就是将磨难和积极的心态连接起来。

生：这道题她的得分是2分。失分点是没有答到"努力"。原因是没有考虑全面，回答得太笼统，没有考虑多个方面，只围绕一个点进行回答。

师：刚才同学们通过自述思路，然后比较答案点评，明白了自己的失分点和努力的方向。愿大家在以后理解句子深刻含义的时候,把这堂课学到的思路用到实践中,相信通过复习,我们已经有了新的收获。

师:同学们,今天我们复习了"理解句子的深刻含义",其实,这堂课只是教给大家一个思路步骤,要真正实现"理解句子的深刻含义",需要我们在平时生活中,注意锤炼语言;在阅读中,积累语感;在深度思考中,发展语感;在训练题目中,内化语感;在热爱生活中,拓展语感。让我们学会深度思考,完善思维,热爱生活,从而达到升华我们人生的目的。理解深刻句子的含义,最后走向的是理解我们的人生,愿我们都能真正理解深刻的人生。(布置作业:《饺子记盛》语段练习。)

群文阅读：
可怜！可恨！可悲！
—— 群文阅读《孔乙己》《变色龙》

> **教学背景**
>
> 　　读经典著作，正如卡尔维诺所说："在青少年时代，每一次阅读跟每一次经验一样，都会产生独特的滋味和意义"。《孔乙己》和《变色龙》都是批判现实主义小说中的翘楚，孔乙己与奥楚蔑洛夫作为典型环境中的典型人物形象，既是独一无二的人物，更是意蕴丰盈的人物。教学《孔乙己》和《变色龙》的时候，我们发现这两个人身上有着共同的烙印，都让人感受到可怜、可恨、可悲！

一 ｜ 他们可怜——从一件衣服看可怜

师：同学们，《孔乙己》和《变色龙》这两篇文章出自不同国家、不同背景，但却衍生了共同的病态人生，你们觉得，这两个人物可怜吗？

生：可怜。

师：好，我们来打上标点"："。（板书：可怜）

师：他们"可怜"在哪儿？下面，我们从他们的外貌描写和神态描写来分析。

生：我从"乱蓬蓬的花白的胡子"中，可以看出孔乙己很懒。

生：应该是没有钱。

生："穿的虽然是长衫，可是又脏又破"中的"又脏又破"也可以看出孔乙己又懒又穷。

师：大家看，孔乙己为什么穿长衫？

生：读书人才穿长衫。

生：他想保持身份。

师：可是他却又穷又懒啊！

生：他没有考上举人，所以，文中说他只能站着喝酒。

师：大家看这一句："孔乙己是站着喝酒而穿长衫的唯一的人"。"唯一"说明了什么？

生：说明他很特别。

师：他特别在哪儿？

生：他想拥有读书人那样的地位，可是却没有钱。

师：是啊，明明自己没有中举，却渴望拥有与身份不相称的地位。这就是一种可怜啊！

生：老师，我觉得他明明想得到尊重却得不到尊重。

师：从哪儿可以看出？

生：你看，当别人说他怎么连半个秀才也捞不到的时候，这里的神态描写用的是"颓唐"二字，写出了在别人揭他伤疤时候的那种难堪。

生：老师，我感觉人们根本就不尊重他。比如，后面孔乙己被人打折了腿后，别人仍然不顾他的面子。"他脸上黑而且瘦"，并且"很颓唐"地说，此时他已经不再争辩，"他的眼色，很像恳求掌柜，不要再提"。看到这儿，我心里堵得慌，感觉大家根本就不拿他当人看。

生：他就像是大家的一个玩物，他"是这样的使人快活，可是没有他，别人也便这么过"。

师：他渴望尊重吗？

生：渴望。

师：大家看，"孔乙己自己知道不能和他们谈天"，这儿为什么用"谈"

而不是"聊"?

生:"聊"需要很轻松。

师:聊天的两个人的关系——

生:很友好,平等的。

师:关键就是"谈天"都不可能,更别说"聊"了。

生:我觉得他真可怜,连真正说话的人都没有。

师:是啊,他渴望温暖吗?

生:渴望。

师:你看他身边的人都不跟他谈天,他只能找小伙计,小伙计对他的态度——

生:不耐烦。

师:而孔乙己呢?

生:"极高兴的样子"。

师:注意一个"极"。哪怕一点点希望,都像抓住了一根救命稻草,说明他已经渴望很久了,却仍然无法实现。

生:所以他只好找比他更小的孩子。

生:可是小孩子是图他的茴香豆啊。

师:所以他在寻找尊严,他在寻找温暖,他在寻找尊重,最后都不得,他最后什么也没有,找不到朋友,更找不到知己,他只能孤零零地、昏惨惨地独自憔悴。这样的人可怜之至啊。我们再看看《变色龙》中的奥楚蔑洛夫,仍然先分析他的"穿衣"。

生:他穿的是军大衣。

师:很奇怪,他本来是警察,怎么穿"军大衣"?

生:老师,他"装逼"。(众笑)

师:他为什么要"装"?

生:他喜欢那件衣服。

师:是的,当我们喜欢什么,才会穿什么。

生:文中反复提到了法律,说法律没有用,那说明军政大权有用,衣服就是身份的象征。

生：我明白了，后面要写他得罪不起将军，包括将军的哥哥，是因为军人有很大的权利。

师：大家看到了一个滑稽的事实，一个警察居然穿着军大衣。喜欢穿军大衣，这是不是一种扭曲的状态啊。关键是，这是几月份？

生：后面的赫留金穿的是花衬衫和坎肩，而且没收的醋栗是六七月份，六七月份应该很热了。

师：六七月份你们穿什么？

生：衬衣。

师：而文中的奥楚蔑洛夫呢？

生：看到这儿真觉得他可怜，滑稽的可怜，明明是警察，却穿军大衣；明明很热的天气，却穿着厚大衣。

师：大家再看与军大衣有关的"脱"和"穿"的动作描写。他是在什么情况下"脱"和"穿"的？

生：听说了是将军家的狗。

师：同学们，我们来假设一下，如果你是奥楚蔑洛夫，现在碰到了市长家的狗，你会怎么样？

生：我也会怕。

生：我感受到他没有骨气、没有态度、没有原则的窝囊样子。

生：借着脱衣服、穿衣服来遮掩自己的冷汗，好可怜啊！

生：我就是隔着文字都感受到了他的尴尬。

师：难道他就不想秉公执法吗？

生：他在这之前装腔作势也好，至少他也想维护一个公正地为人民做主的形象。

师：可是后来为什么无法维护呢？而且这篇文章和《孔乙己》不同的是没有写他的神态。

生：神态我们通过语言就可以想象出来。

师：是啊，明明想秉公执法却不能，明明自己内心很恐慌却要拼命掩饰。大家都知道变色龙这种动物是不断变换颜色来躲避敌人的，也是为了迷惑自己的敌人。奥楚蔑洛夫也仅仅是一个小角色，一个小小的警官，他的上面有无数的将军，还有将军的哥哥，哪一个是能得罪的主儿呢？这些人随便哪个人都能决定他的人头安在何处，随便一个人都能决定他的饭碗。谁不想当个硬气的、说一不二的人呢？

生：老师他真可怜，他是无奈的可怜。

师：是啊，我们再看结尾，他"裹紧大衣"。为什么"裹紧大衣"？

生：因为他害怕，他心虚。

生：说不定等待他的，就是将军的报复，都有可能。

生：所以他们都是可怜的人啊。

师：孔乙己的一件长衫是为了保持身份，奥楚蔑洛夫的一件大衣也是为了身份；孔乙己的长衫，让我们看到了他渴望尊严，奥楚蔑洛夫的大衣，让我们看到了为了生活，被逼无奈。他们都是无奈的可怜人啊！

二 | 他们可怜？——从语言描写看可恨

师：都说可怜之人必有可恨之处，难道他们真的就仅仅是可怜吗？（板书：？）

生：我觉得他们不仅仅是可怜，也可恨。

师：他们可恨在哪儿？从语言描写中体会。

生：《孔乙己》中"你怎么这样凭空污人清白……""窃书不能算偷……窃书！……读书人的事，能算偷么？"明明是偷，他却强词夺理。

生：这是自欺欺人。

生："君子固穷""者乎"这些可以看出他很古板，明明自己没有考上，却无法适应社会，还用书面语和别人交流。

师：说明他很迂腐。

生：他都被打折了腿，还要去喝酒，还说："这一回是现钱，酒要好。"他明明可以凭借自己的劳动生活，却嗜酒如命，好喝懒做。

生：而且他还自命清高。

师：我们再来看看奥楚蔑洛夫。

生："不错……这是谁家的狗？我绝不轻易放过这件事！我要拿点儿颜色出来给那些放出狗来到处乱跑的人看看。"从这些语言可以看出奥楚蔑洛夫在普通小市民面前那种装腔作势、盛气凌人的样子。我觉得很可恨。

生：当他得知是将军家的狗，他说："难道它够得着你的手指头？它是那么小；你呢，却长得那么魁梧！你那手指头一定是给小钉子弄破的，后来却异想天开，想得到一笔什么赔偿费了。"一听说主人的身份，就马上变脸，这里看出他有很"虚伪"的一面。

师：文中的语言多次改变，足见他的虚伪。我们来一起赏析一处语言描写。（出示 PPT）

"他哥哥来啦？是乌拉吉米尔·伊凡尼奇吗？"奥楚蔑洛夫问，整个脸上洋溢着含笑的温情，"哎呀，天！我还不知道呢！他是上这儿来住一阵就走吗？"

"是来住一阵的。"

"哎呀，天！他是惦记他的兄弟了……可我还不知道呢！这么说，这是他老人家的狗？高兴得很……把它带走吧。这小狗还不赖，挺伶俐的，一口就咬破了这家伙的手指头！哈哈哈……得了，你干什么发抖呀？呜呜……呜呜……这坏蛋生气了……好一条小狗……"

普洛诃尔喊一声那条狗的名字，带着它从木柴厂走了。那群人就对着赫留金哈哈大笑。

"我早晚要收拾你！"奥楚蔑洛夫向他恐吓说，裹紧大衣，穿过市场的广场径自走了。

师：大家分角色朗读。

（生读）

师：大家分析一下这段文字。

生：先是拉近乎，认识将军哥哥，极力讨好。

师：大家赏析"哎呀，天"，这话一般用在哪儿？

生：大事，非常不可思议的事情。

师：我们来看看这儿的言外之意。

生：第一处的"哎呀，天"，是说"我"居然不知道这狗是将军哥哥家的狗，"我"会不会受罚啊。第二次的"哎呀，天"，想到的是他的背后是将军。

师：此时的奥楚蔑洛夫是在怕什么？

生：他怕被罚。

师："这是他老人家的狗？高兴得很""我还不知道呢"可以看出什么？

生：两句不符合逻辑的话，说明他已经乱了分寸。

师：接下来是处理方法：把它带走吧。

生：接着开始表扬狗，"你干什么发抖呀"，这时候他担心狗影响他，所以极力、不断地表扬狗。

生：可以看出他的反复无常、趋炎附势、见风使舵。

师：大家看，孔乙己是因为自己不适应社会，固守着自己的清高，自命不凡，自欺欺人；奥楚蔑洛夫却随着狗主人身份的变化而不断地变化态度，这究竟是怎样造成的呢？

三 ｜ 他们可怜！——用"众人笑"看可悲

师：同学们，他们到底可怜吗？

生：可怜！

师：这次我们用感叹号。文中有很多众人的笑，我们来看看。（出示PPT）

孔乙己，你脸上又添上新伤疤了！

孔乙己，你当真认识字么？

你怎的连半个秀才也捞不到呢？

孔乙己，你又偷了东西了！

取笑？要是不偷，怎么会打断腿？

生：刚开始，是笑他的肉体，后来是给他一个胡萝卜似的奖励，不让他一下子死去。

师：同学们，你们看，"你当真认识字么"是在让他麻醉，给他一个奖励后，马上又怎么样？

生：马上就给他一个重重的耳光。

师：他们的"笑"，淹没了起码的人性，甚至是恶毒地把人推向深渊，这里的"笑"真的就是"笑"吗？这是泪啊。我们再看《变色龙》里的"笑"。

生：那群人对着赫留金笑。

师：一只咬人的狗，最后却得到优待；一个原本的受害者，最后却被人嘲笑。这是群体的人云亦云，是整个群体的麻木与悲哀。孔乙己和奥楚蔑洛夫的悲哀在于：都生活着一群什么样的人？

生：一群麻木的民众。

（教师出示链接材料）

《孔乙己》是《呐喊》的第二篇，写于五四前夕，是继《狂人日记》之后又一篇声讨封建社会和封建文化的战斗檄文。那时，科举制度虽已废除，但教育体系并未改变，许多知识分子还未摆脱封建思想的桎梏。鲁迅认为，要使人民群众觉悟起来，改变愚昧和麻木的精神状态，必须反对"国粹"，解放个性，把人民群众从中国几千年的封建精神传统的枷锁中解放出来。只有这样，才能挽救中华民族的危亡，争取人民的自由和解放。

——付超《小人物　大故事》

《变色龙》写于1884年，作品发表前，正是俄国民意党人刺杀亚历山大二世之后，亚历山大三世一上台，在竭力强化警察统治的同时，也搞了一些掩人耳目的法令，给残暴的专制主义蒙上一层面纱。1880年成立的治安最高委员会头目洛雷斯·麦里可夫后来当上了内务大臣，这是一个典型的两面派，人民称他为"狼嘴狐尾"。这时的警察再不是果戈理时代随意用拳头揍人的警棍了，而是打着遵守法令的官腔，干着献媚邀功的勾当。契诃夫刻画的警官奥楚蔑洛夫正是沙皇专制警察统治的化身。

——张发安对契诃夫《变色龙》解读

生：老师，孔乙己是被科举制度所害，而奥楚蔑洛夫生活的那个时代，法律是为沙皇服务的。

师：是的，文中反复出现法律。有法律、法令，却不是为人民服务，这样的法律只是掩人耳目罢了。所以，最大的悲哀是一个国家的悲哀。这就是小知识分子的悲哀！最后让我们一起朗读两位作者的话，聊以慰藉我们未来的人生的方向。（出示PPT）

鲁迅：我的取材，多采自病态社会的不幸的人们中，意思是在揭出病苦，引起疗救的注意。

契诃夫：一个人，只有他身上的一切——他的容貌，他的衣服，他的灵魂和他的思想——全是美的，才能算作完美。

（生齐读）

师：下课！

逆向教学：
用标准唱响演讲开头戏

> **学习目标**
> （1）根据演讲词的核心知识，学习写演讲稿的开头。
> （2）制定演讲稿开头的标准，掌握演讲开头的方法。
> （3）运用标准，会写演讲稿的开头。
> （4）内化标准，能点评和修改演讲稿的开头。

一 ｜ 引入标准——复习演讲稿特点

师：亲爱的同学们，这段时间我们进行了第四单元的大单元教学，整个单元以演讲词的特点为核心知识。前面，我们根据课文讲了演讲稿的特点，后面，我们将继续围绕演讲稿的特点，进行演讲稿的撰写，并举办演讲比赛。下面我们一起回忆一下——演讲稿有哪些特点？

生：针对性、鲜明性、条理性。

师：演讲稿整体具有这样的特点，演讲稿的开头同样应该具备这些特点，这也是区分演讲稿与一般文章的关键之处。（出示PPT）

题　目	针对性	鲜明性	条理性
《最后一次讲演》	听众： 观点：	情感态度： 语言风格：	逻辑：
《应有格物致知精神》	听众： 观点：	情感态度： 语言风格：	逻辑：
《我一生中的重要抉择》	听众： 观点：	情感态度： 语言风格：	逻辑：
《庆祝奥林匹克运动复兴25周年》	听众： 观点：	情感态度： 语言风格：	逻辑：

师：请按照演讲稿的三个特点，一起来分析一下这些文章的开头。

生：关于针对性，《最后一次讲演》是闻一多先生在李公朴先生追悼会上演讲的。从鲜明性上看，情感态度是对李先生的赞扬和对国民党反动派暗杀李先生的一种批判；语言风格是慷慨激昂的。逻辑条理上，先说李先生没有罪过，然后说到国民党为什么要打要杀，却又不敢光明正大地来打来杀，而是偷偷摸摸地来暗杀，从而引出后面剖析的原因。

生：我分析了第二课。听众是参加在北京人民大会堂举行"情系中华"大会的人。本文的观点是中国学生应怎样了解自然科学。鲜明性方面，中国学生应该怎样学习自然科学。语言风格具有哲理性。条理性方面，首先是作者表达了自己非常荣幸获得"情系中华"征文特别荣誉奖，其次是以作者写的一篇文章引出了中国学生怎么学。

生：我分析了第三课。听众是北京大学的学生，观点是不遗余力地扶持年轻人。情感态度是平和。语言风格是幽默风趣。逻辑是先表明自己已经不在一线，然后举了一个比尔·盖茨的例子，最后引出话题。

二 ｜ 研制标准——分析演讲开头

师：演讲稿有共性，但也有自己的特点。俗话说，万事开头难。那么，什么是演讲稿里最重要的呢？好的开头应该达到什么目的呢？

生：引起注意。（师板书：引起注意）

生：引出观点。（师板书：引出观点）

生：让观众知道你要做什么。

生：拉近距离。（师板书：拉近距离）

生：吸引观众。（师板书：吸引观众）

生：形成互动。

生：拉近距离，产生期待。（师板书：形成互动，拉近距离，产生期待）

师：如果我们的演讲稿能达到这些目标，我们演讲稿开头的目的就达到了。

师：要达到这样的目标，需要哪些技巧呢？下面我们以学习任务单上的文章作为蓝本，进行分组讨论。（出示学习任务单）

好的演讲稿开头需要什么技巧？请分析下列文章开头，并完成表格。

我在五年前脱离技术第一线，一年来逐渐脱离管理的第一线。我已经61岁了。微软的董事长比尔·盖茨曾经讲过："让一个60岁的老者来领导微软公司，这是一件不可设想的事情。"所以比尔·盖茨本人一定会在60岁之前退休。同样，让一个61岁的老者来领导方正也是一件不可设想的事情。我是属于创造高峰过去的一个科学工作者。有一次在北京电视台的《荧屏连着我和你》这个节目里，我们几个人，被要求用一句话形容我们自己是什么样的人。李素丽的一句话我记得，她说："我是一个善良的人。"非常贴切，她是一个善良的人，充满了爱心，全心为大家服务。我怎么形容自己呢？我觉得我是"努力奋斗，曾经取得过成绩，现在高峰已过，跟不上新技术发展的一个过时的科学家"。（掌声）所以我知道自己是一个下午四五点钟的太阳。各位呢，上午八九点钟的太阳，这是本科生；硕士生呢，九十点钟的太阳；博士生呢，十点十一点钟的太阳。（笑声）那么，一个快落山的太阳，跟大家讲的，更多的是自己一生奋斗过来的体会。所以我从我一生中觉得重要的抉择中，引发出一些话题跟大家来讨论。

——王选《我一生中的重要抉择》

我非常荣幸地接受《瞭望》周刊授予我的"情系中华"征文特别荣誉奖。我父亲是受中国传统教育长大的，我受的教育的一部分是传统教育，一部分是西方教育。缅怀我的父亲，我写了《怀念》这篇文章。多年来，我在学校里接触到不少中国学生，因此，我想借这个机会向大家谈谈学习自然科学的中国学生应该怎样了解自然科学。

——丁肇中《应有格物致知精神》

这几天，大家晓得，在昆明出现了历史上最卑劣最无耻的事情！李先生究竟犯了什么罪，竟遭此毒手？他只不过用笔写写文章，用嘴说说话，而他所写的，所说的，都无非是一个没有失掉良心的中国人的话！大家都有一支笔，有一张嘴，有什么理由拿出来讲啊！有事实拿出来说啊！（闻先生声音激动了）为什么要打要杀，而且又不敢光明正大地来打来杀，而偷偷摸摸地来暗杀！（鼓掌）这成什么话？（鼓掌）

——闻一多《最后一次讲演》

亲爱的同学们：在我们猝不及防的时候，初三的脚步就像夏季的雨点，来得那么急促，那么骤然！回想我们走过的旅程，一切，都像放电影般，历历在目，恍若昨天。你们就像一粒粒种子，老师就像一个农夫，凝望你们由干瘪到丰盈的画卷，等待你们从生根发芽到开花结果的历程，聆听你们从生命抽芽到生命拔节的欢歌，这是一件多么惬意、多么欣慰的事啊！因为，对你们的爱，我们从来没有变过，从来没有消失过。这份爱，永远都停驻在你我的心中！

——吴小霞《让爱永驻心中》

开　头	技　巧	分　析

（学生分组讨论 5 分钟）

师：请具体分析，并举出例子。

生：用风趣的语言。我们从第一个例子看出来的。

师：你刚刚说的语言风格是属于哪个点？

生：老师，应该是属于演讲稿的鲜明性。（师板书：鲜明性）

生：第三个例子是用提问的方法。（师板书：提问法）

生：要和观众引起共鸣，提出一些跟观众观点符合的问题。

师：这是属于针对性，是演讲稿应该有的特点。

生：开头要介绍背景。从第二个例子看出来的。

师：介绍背景可以让我们对内容更加清晰。（板书：背景法）

生：要制造一定的演讲氛围。

师：请注意结合例子分析。

生：可以提问或者讲故事。

生：我觉得这里面的例子都有引用，比如第一个例子就用了李素丽的话，还有比尔·盖茨的话。（师板书：引用法）

生：还可以用开门见山的方法。（师板书：开门见山法）

师：请大家仔细观察。这是两个版本中的，观察它们的不同点在哪儿？（出示 PPT）

部编版：

我非常荣幸地接受《瞭望》周刊授予我的"情系中华"征文特别荣誉奖。我父亲是受中国传统教育长大的，我受的教育的一部分是传统教育，一部分是西方教育。缅怀我的父亲，我写了《怀念》这篇文章。多年来，我在学校里接触到不少中国学生，因此，我想借这个机会向大家谈谈学习自然科学的中国学生应该怎样了解自然科学。

人教版：

多年来，我在学校里接触到不少中国学生，因此，我想借这个机会向大家谈谈学习自然科学的中国学生应该怎样了解自然科学。

生：第一个不仅表达了感谢，还介绍了背景。

生：老师，我明白了，演讲稿开头，我们可以用感谢的方式或者介绍背景，这样能拉近距离。

生：老师，我们还可以用修辞法，比如你写的那个就是。（师板书：修辞法）

师：看来大家在不断评析中明白了演讲稿开头的方法。当然，除了以上大家讨论出来的，还有很多很多。比如——（出示PPT）

中央人民广播电台，现在是北京时间晚上十点整。

晚上好，我亲爱的听众朋友们，欢迎收听调频106.6兆赫，中央人民广播电台文艺之声的《广播故事汇》节目，我是今天的主持人丽娜。

下面这个美好的夜晚，我特别想邀请你和我一起抛开一切的烦恼和疲惫，让自己的心安静下来，静静地去聆听一个盲人女孩追求梦想的故事。

——《别把梦想逼上绝路》

前些日子有一个在银行工作了十年的资深的人力资源管理师，他在网络上发了一篇帖子，叫作《寒门再难出贵子》……

——《寒门贵子》

生：情境法。

生：热点法。（师板书：情境法、热点法）

师：通过讨论，我们总结出了演讲稿开头的系列标准，请大家一起提炼。

生：演讲稿的整体特征是针对性、条理性、鲜明性。演讲稿开头的目的是吸引观众，引出重点，拉近距离。

师：方法有哪些？

生：引用法、背景法、提问法、开门见山法、修辞法、情境法、热点法等。

生：我改的是王睿的。我觉得他在其他方面都做得挺不错的，但是文章的语言还不够吸引听众，如果能用幽默的语言和引用名言来增加语言的魅力就更好了。

师：小如，你来发言。

生：我改的是王鹏的，我觉得他还可以用上提问法。

生：我是自己给自己修改的。

师：那你说说你是怎么修改的。

生：我觉得没有和观众产生互动，所以我把句子改成了问题。

师：具体一点好吗？

生："我们憧憬过美好的未来"修改成"你们是否憧憬过校园美好的未来？我憧憬过。"（掌声）我学习了提问法，所以把句子修改成了问句。

师：我们继续展示用标准修改文章。

生：我把四字短语改成了比喻，更能突出自己的心境，同时注意了金句的运用。

师：所以，当我们不断地理解标准后，对照自己的文章，内化标准，然后，再将我们的文章根据标准修改，这样，就能使文章变得更加完善。

师：同学们，这节课我们经历了从制定标准到运用标准，最后内化标准的过程。运用这些标准，会让我们的演讲开头让人眼前一亮，震撼全场，掌控会场，如此，才能真正地唱响演讲开头戏！那么，根据大单元教学的整体安排，下一节课我们继续围绕"让结尾掷地有声"进行学习，为我们后面的演讲比赛做好充分准备！今天的课就到此结束。同学们，下课。